KB016117

한중일의
갈림길,
나가사키

지성인들의
도시
아카이브
02

한중일의 갈림길, 나가사키

서현섭

보고사
BOGOSA

책머리에

필자는 우연히도 도쿄, 후쿠오카, 요코하마, 나가사키에서 외교관과 대학교수로 자그마치 18년, 그중 나가사키에서 8년을 지냈다.

2004년 6월 말, 마침내 30여 년간의 일모작 인생의 막이 조용히 내렸다. 긴 항해 끝에 무사히 항구에 입항한 기분이었다. 그해 12월 중순, 서울역 시계탑 아래에서 출발하여 고향 전라도 구례까지 이어지는 약 4백 킬로미터를 열흘간 혼자 걸어가면서 이모작 인생의 탐색에 나섰다.

여행의 끝자락에서 일본의 대학에서 '학자외교관'이라는 꿈의 실현에 도전하기로 결론을 내렸다. 일차적으로 일본에서 『대학교수가 되는 길』이라는 책을 구입하여 독파한 후 규슈 지역의 대학 순방에 나서서 아는 교수들을 만나보았다. 결국 나가사키 쪽으로 마음을 굳혔다. 나가사키가 '작은 로마'로 불리는 일본 가톨릭의 성지라는 점이 마음에 들었다.

2005년 가을 나가사키현립대학의 공개 모집에 응모했다. 솔직히 내가 지원하면 학교 측에서 "어서 오십시오" 할 것이라는 낙관적 기대도 해보았으나 그것은 김칫국부터 마신 격이었다. 가까스로 선발되어 젊은 교수들의 면접에 임할 때는 약간 불안하기조차 했다.

다행히도 2006년 4월 국제학부의 교수로 임용되어 그토록 하고 싶었던 학자 흉내를 내며 70세까지 교단을 지켰다. 연구비란 게 있어 원하는 책을 마음대로 주문할 수 있어 참으로 행복에 겨운 나날을 보낼 수 있었다.

1970년대 중반 도쿄 한국대사관에 근무한 이래 근대 나가사키의 역사와 문화에 대에 관심을 갖고 꾸준히 이 분야의 서책을 읽어 왔다. 네덜란드 암스테르담대학 연수 중에도 근대화의 불쏘시개인 난학(蘭學)의 현장을 뒤집고 다녔다.

역사적으로 중국으로부터 동쪽의 오랑캐 '동이(東夷)'로 불렸던 한국과 일본은, 유사 이래 교류하고 다투면서 늘 서로를 의식하고, 키 재기를 해왔다. 쇄국 시대에 일본이 나가사키에 데지마라는 서양을 향한 통풍구를 마련하면서부터 한국과 일본은 근대와 전근대의 갈림길에 들어서게 되었다. 이를테면 나가사키는 한중일의 근대화의 분기점이라고 할 수 있겠다.

퇴임 후 〈일본 근대화와 나가사키〉 관해 한 권의 책으로 정리하여 출간한다는 과제를 스스로에게 부과했다. 그것은 나가사키의 현립대학과 나가사키현, 나가사키신문사 등에서 수년 동안 베풀어 준 호의에 대한 감사의 표시이자, 나가사키 홍보대사 격인 '나가사키 부교(長崎奉行)'를 위촉받은 자의 의무이기도 하다.

그러나 잡다한 일상에 쫓겨 게으름을 피우고 있던 차에, 예상치도 않게 연세대학교 허경진 교수님께서 좋은 기회를 주선해 주신 것에 대해 깊이 감사드린다. 아울러 코로나 등으로 엄중한 상황인데도 흔쾌히 출판을 맡아준 보고사의 김흥국 사장님과 알찬 기획으로 원고를 빛내준 박현정 편집장과 황효은 편집인에게도 사의를 표한다.

이렇게 늦게나마 근대화를 태동시킨 나가사키시를 중심으로 한 나가사키의 역사와 문화, 나가사키와 한국 그리고 중국과의 관련되는 이야기를 세상에 선보이게 되었다. 동아시아 속의 일본·일본인을 이해하는 데 다소나마 도움이 되기를 기대한다.

책의 성격상 일일이 인용 근거를 밝히지는 않았으나 나가사키신문사의 『나가사키 문화 백선』, 나가사키 문헌사의 『여행하는 나가사키학』 시리즈를 참고하였다. 또한 나가사키현립대학 이형철 교수님, 니이 다카오(仁位孝雄) 사진작가에게도 좋은 자료를 제공해 준 데 대해 감사드린다.

끝으로 10여 년간 로마에서 '젊은 예술가'로 혼신의 힘을 쏟다가 중도에 귀국한 윤정에게, 원고 입력을 도맡아 해 준 것에 대해 감사하며 아울러 결코 포기하지 않는 본래의 네 모습을 보여주기를 기대한다.

2020년 여름
일산 호수공원이 내려다보이는 창가에서
서현섭

차례

1부

근대화의 출발점, 나가사키

2부

근대화의 디딤돌, 나가사키

3부

나가사키의 빛과 그림자

4부

나가사키에 드리운 조선의 그림자

나가사키현의 개략

일본 열도 서쪽 끝에 위치한 나가사키현(長崎縣)은 고대로부터 대륙과 일본을 잇는 가교 역할을 했다. 중국 상하이까지 850km, 쓰시마에서 부산까지는 49.5km이다. 나가사키라는 지명의 어원은 '바다로 길게 튀어나온 곶'이라는 설과 1220년경 가마쿠라 막부 귀족의 손자 나가사키 사다쓰나(長崎貞綱)의 가문이 이 지역을 지배한 데서 유래했다는 설이 있다.

도쿠가와 이에야스(德川家康)가 천황으로부터 정이대장군(征夷大將軍)에 보임된 1603년부터 도쿠가와 요시노부가 대정봉환(大政奉還)을 단행하고 쇼군직을 사임한 1867년까지를 에도 시대(江戸時代) 또는 도쿠가와 시대(德川時代)라고 부르며, 그 시대의 정권을 에도 막부 또는 도쿠가와 막부로 칭한다.

나가사키는 막부의 직할령으로 일본 유일의 무역항으로서 번영을 누려 왔다. 또한 대륙과 서양에서 유입된 외래문화와 일본 문화가 융합되어 나가사키만의 독특한 문화가 형성되었다. 나가사키를 주제로 한 노래가 자그마치 1,500곡 이상이라는 것은 나가사키가 일본의 다른 도시와는 다르다는 것을 단적으로 보여준 예다.

2018년 현재 나가사키현의 가톨릭교회에 소속되어 있는 신자 수는 약 6만 2천 명으로 현 전체 인구의 약 4.4% 정도이다. 일본 전체의 가톨릭교회 신자는 전체 인구 대비 약 0.34%에 불과한 점을 고려하면 나가사키현의 가톨릭 신자 수는 다른 현에 비해 월등히 많은 편이다.

나가사키현의 총면적은 약 4,100km², 인구는 약 140만 명으로 우연히도 면적이나 인구가 모두 일본 전체 면적과 인구의 1.1%이다. 육지는 평지가 적고 기복이 심하며 4,137km에 달하는 해안선은 매우 복잡하여 그 길이는 전국 2위이다.

나가사키현은 13개의 시와 8개의 초(町)로 구성되어 있다. 행정구역은 나가사키시(長崎市, 약 43만 명), 사세보시(佐世保市, 약 25만 명), 이사하야시(諫早市, 약 14만 명), 오무라시(大村市, 약 9만 3천 명), 미나미시마바라시(南島原市, 약 4만 6천 명), 시마바라시(島原市, 약 4만 5천 명), 운젠시(雲仙市, 약 4만 4천 명), 고토시(五島市, 약 3만 7천 명), 히라도시(平戸市, 약 3만 2천 명), 쓰시마시(對馬市, 약 3만 1천 명), 사이카이시(西海市, 약 2만 9천 명), 마쓰우라시(松浦市, 약 2만 3천 명), 이키시(壹岐市, 약 2만 7천 명) 등이다.

1부

근대화의 출발점,
나가사키

푸른 눈의 사무라이,
미우라 안진

15세기 말부터 18세기 말에 이르는 대항해 시대에 포르투갈, 스페인, 네덜란드 등은 경쟁적으로 새로운 통상로 개척에 나섰다. 1594년 스페인 정부는 네덜란드에 대해 스페인 및 스페인령 내의 모든 항구의 사용을 금지하였다. 따라서 네덜란드 로테르담에 본부를 둔 무역회사는 1598년 6월 동인도 해로를 찾기 위해 다섯 척으로 구성된 선단을 아시아로 출항시켰다.

네덜란드는 원정 선단을 파견한 지 5년이 채 안 되었고 동인도회사가 설립되기 4년 전이라 아시아 항해는 아직 익숙지 않은 상태였다. 그들은 대서양을 횡단하고 마젤란 해협을 통과하여 태평양으로 나왔으나 태풍과 식량 부족, 괴혈병으로 인한 사망자 발생 등

1598년 네덜란드 로테르담 마젤란해협회사에 소속된 5척의 선단이 동방무역을 위해 출항하는 모습. 하단 오른쪽 배가 일본에 표착한 리프데호.(17세기 판화)

으로 뿔뿔이 흩어졌다. 그중 선미에 에라스뮈스 목상(木像)을 부착한 3백 톤의 리프데(Liefde, 자애)호가 로테르담을 출항한 지 1년 10개월 만인 1600년 4월, 규슈 오이타현(大分縣) 우스키 해안에 표착했다.

110명의 승조원 중 생존자는 겨우 24명이었고, 혼자 걸을 수 있는 자는 대여섯 명 정도였다. 우스키 성주는 난파선을 항구로 예인한 후 나가사키의 다이칸(代官)에게 보고하였다. 해외무역을 둘러싸고 개신교의 네덜란드와 경쟁 관계에 있는 포르투갈과 스페인의 예수회 선교사들은 다이칸에게 리프데호는 해적선이라고 모함하며 선원들을 처형하거나 추방시키는 것이 상책이라고 했다.

당시 일본 국내 정치 상황은 1598년 8월 도요토미 히데요시의 사후, 천하대세를 결정짓는 세키가하라(關ヶ原) 전투를 반년 정도 앞둔 미묘한 시기였다. 이에야스는 히데요시의 후계자 도요토미 히데요리의 명에 따라 리프데호의 선장을 오사카로 호출하였다. 그러나 선장은 혼자서 일어서지도 못하는 형편이라 그 대신에 영국인 항해장 윌리엄 애덤스(William Adams, 1564~1620)와 네덜란드인 항해사 얀 요스텐(Jan Joosten)이 5월 12일 오사카성으로 출두하였다. 리프데호가 표착한 지 불과 3주 만에 당대의 최고 실력자가 그들을 불러 심문한 것이다.

이에야스는 예수회의 집요한 추방요구를 무시하고 그들을 그대로 체류시키고 6주간에 걸쳐 수차례 심문하였다. 이에야스는 항해의 목적과 항로에 대해 자세하게 물었다. 애덤스는 일본과의 교역관계를 트기 위해 항해에 나섰다고 하고, 지도와 항해일지를 펼쳐

윌리엄 애덤스의 그림
(1598년 작)

가며 22개월간의 항로를 자세하게 설명하였다. 이에야스는 처음에는 긴가민가하더니 나중에는 크게 놀라며 그들에게 호의적 관심을 보였다.

이에야스는 선적 화물에 대해서 비상한 관심을 보였다. 이에 대해 애덤스는 선적 리스트를 보이며 무기류도 있으나 의류, 장식품, 안경 등도 대량으로 선적되어 있다고 하면서, 자신들은 결코 해적이 아니라고 누차 강조하였다. 이에야스의 이들에 대한 심문은 놀랍게도 일본인 포르투갈 통역의 도움으로 진행되었다.

애덤스는 자신의 경력에 대해서 이야기했다. 영국에서 태어나 소년 시대 10년 가까이 목조선 제조의 도제 교육을 받았으나 조선보다는 항해에 더 흥미를 느껴 해군에 입대하여 영국의 스페인 무적함대 격파 전투에 보급선 선장으로 참전했다고 하여 이에야스를 놀라게 하였다. 애덤스는 이에야스의 요청에 따라 수학, 지리 등을 가르치는 한편 유럽에서의 신교와 구교의 갈등 배경 등에 대해서도 설명해 주었다.

이에야스는 수차례에 걸친 면담을 통해 이들은 해적이 아니라 일본에서 구하기 어려운 인재라는 판단을 내리고, 리프데호를 에도 부근의 우라가(浦賀)로 회항시키고 대포 18문, 포탄 5백 개, 화약 5천 파운드, 조총 5백 정 등의 무기를 전부 몰수하였다. 놀랍게도 이에야스는 몰수한 무기류에 대한 보상으로 은화 36관을 지불하였다. 36관의 은화는 현재의 4,300만 엔에 상당하는 거금이다.

당시 일본은 세계 유수의 은 생산국이었다. 16세기 말부터 17세기 초에 걸쳐서 세계의 은 생산량은 연평균 60만 킬로그램이며, 멕시코의 포토시(Potosi)를 제외한 유럽과 아메리카 대륙의 생산량은 15만 킬로그램, 이에 비해 일본의 은 수출량은 20만 킬로그램으로 세계 은의 3분의 1을 점하고 있었다. 일본이 세계의 기축통화가 된 은을 대량으로 생산하게 된 배경은 1530년대 초 조선의 발달된 은 제련 기술인 회취법(灰取法; 납과 은의 온도차를 이용해 순도 높은 은을 만들어 내는 기술)이 일본에 전래된 덕분이었다.

1600년 세키가하라 전투에서 승리하여 천하를 장악한 이에야스는 1603년 천황으로부터 정이대장군의 직위를 수여받고 막부를 개설하였다. 도쿠가와 신정권의 기반 강화를 위해 무역을 통한 국부(國富) 증진을 적극적으로 추진함에 있어 애덤스와 요스텐의 지혜를 활용하고자 하였다. 애덤스가 처와 남매가 기다리고 있는 본국으로 귀국시켜 달라고 간청하였지만 이에야스는 받아들이지 않고 그 대신 막부의 어용상인의 딸과 결혼시켰다. 결혼식에는 이에야스가 직접 참석하여 신랑, 신부를 감동시켰다고 한다. 1905년 8월 제2차 영일동맹이 체결되어 일본인을 열광시킨 해프닝이 벌어졌다. 동맹 체결 다음 해 2월 26일, 도쿄에서 애덤스의 결혼을 극화한 〈일영동맹의 옛이야기〉라는 가부키 공연이 있었으나 흥행에 실패했다. 이에야스 대신에 애덤스를 부각시켰기 때문이다.

본론으로 돌아와서 이에야스는 애덤스를 외교 고문으로 발탁하고 요코하마에서 과히 멀지 않은 미우라반도의 미우라군(三浦郡)에 250석의 영지와 함께 미우라 안진(三浦按針)이라는 일본 이름을 하사하였다. 일본 역사상 최초의 푸른 눈의 사무라이가 탄생한 것이다.

그 후 1605년 이에야스의 요청으로 애덤스는 갈레온선(galleon) 2척을 실제로 건조하였다. 1609년 필리핀 주재 스페인 돈 벨라스코 임시총독의 귀국선이 난파당하여 일본에 표착한 적이 있었다. 그때 벨라스코 총독이 일본에서 빌려 타고 귀국한 배가 바로 애덤스가 건조한 120톤급의 갈레온선이다.

일본인들은 애덤스를 미우라 안진으로 불렀는데 이는 '미우라(三浦)에 사는 조타수(按針)'라는 의미이다. 애덤스는 외교 고문으로서 네덜란드와 영국과의 통상에 진력했으며 후에는 나가사키의 히라도(平戸)로 옮겨 베트남, 태국 등과의 무역에 종사했다.

애덤스는 처음엔 영국으로 돌아갈 생각도 없지 않았다. 그러나 칼을 차고 사무라이로 으스대며 살다가 귀국하여 가난한 뱃길 안내원으로 살 자신이 없어서였는지 귀국을 스스로 포기하였다. 그러나 그는 영국에 있는 가족들에게 동인도회사를 통해 정기적으로 송금하였다. 애덤스는 1620년 지병으로 죽음을 앞두고 일본인의 처와 남매, 영국의 처와 두 자식들에게 재산을 공평하게 반분하라는 유서를 남겼다. 또한 고용인들에게도 섭섭지 않을 정도로 금품을 남기는 인간미를 보였다.

현재 일본에 애덤스 기념비가 있는 지역은 오사카, 구스키 등 대여섯 군데나 되며 히라도에는 애덤스의 묘비가 있다. 도쿄 니혼바시 부근의 애덤스의 저택이 있던 곳은 1920년대 중반까지 '안진초(按針町)'로 불렸으나 현재는 재개발로 '안진초'는 사라졌고 기념비가 세워져 있다. 애덤스의 사후 4백 주년이 되는 2020년 5월 히라도시는 애덤스의 고향 사람들을 초청하여 '안진 기념 국제포럼'을 개최할 예정이었으나 코로나19 때문에 무기한 연기하였다고 한다.

한편 네덜란드 항해사 요스텐도 이에야스의 통상 고문으로 태국, 캄보디아 등과의 무역에 종사하다 1623년 바타비아에서 일본으로 돌아오던 중 배가 난파되어 죽음을 맞이했다. 그의 저택이 있던 도쿄 히비야 공원 부근의 야에스(八重洲)에 1980년 네덜란드 정부가 기증한 리프데호의 모형 기념비가 세워져 있다. 리프데호의 선미에 붙어있던 유럽의 대표적인 인문주의 학자 에라스뮈스(D. Erasmus, 1469~1536)의 목상은 현재 국가 문화재로 지정되어 도쿄국립박물관에 소장되어 있다.

에도 막부의 귀와 입, 나가사키 부교

나가사키의 역사와 문화를 이해하는 키워드의 하나는 나가사키 부교(奉行)라는 직제이다. 1587년 규슈를 평정한 도요토미 히데요시(豊臣秀吉)가 이듬해 나가사키를 직할지로 삼아 사가의 영주 나베시마 나오시게(鍋島直茂)를 다이칸(代官)으로 발탁하여 나가사키를 다스리게 한 것이 부교의 시발이었다.

히데요시 이후 1603년 막부를 개설한 도쿠가와 이에야스도 나가사키를 직할지로 삼고 측근인 오가사와라 이치안(小笠原一庵)을 초대 부교로 임명하였다. 부교는 쇼군의 직할령인 나가사키의 사법·행정 및 대외 관계를 총괄하는 지방장관으로 막부의 눈이자 귀의 역할을 담당했다. 1603~1868년간 나가사키 부교에 임명된 자는 모두 120여 명이며, 재임 기간은 짧게는 1개월, 길게는 15년으로 일정치 않았으나 평균적으로 4년 정도였다.

나가사키 부교의 지휘 계통은 쇼군(將軍)-로주(老中)-부교의 체제이나 실제 업무 수행은 쇼군 직속의 최고직인 로주의 지휘 감독 아래 행해졌다. 부교는 처음에 한 명이었으나 시마바라의 난(島原亂, 1637~1638) 이후에 부교의 정원이 2명, 3명, 4명으로 늘어나기도 했으나 결국 2명으로 정착되었다. 부교를 2명으로 한 것은 부교의 독주와 부패를 막기 위한 조치이다. 나가사키 부교를 한 번 하면 자자손손이 잘 먹고 잘 살 수 있다고 할 정도로 부수입이 많은 자리였다.

부교 두 명 중 한 명은 나가사키에 상주하고 다른 한 명은 에도에 주재하였다. 에도의 부교는 나가사키 부교로부터 송부해온 서류를 검토, 회신하고 나가사키 주재 네덜란드 상관장이 상경하여 쇼군을 배알할 때 상관장을 안내하는 의전관의 역할 등을 수행했다.

부교는 나가사키 부임에 앞서 쇼군을 알현하고, 7월 하순경 에도를 출발하여 9월 나가사키 최대의 축제인 군치(현재는 10월)가 시작되기 직전에 나가사키에 도착하여 축제가 끝난 다음에 임무를 교대한다. 나가사키 부교소는 1천 명이 넘는 인원으로 구성된 대조직이었으며, 나가사키의 행정·사법을 통괄하고 그리스도교 신자의 색출, 선교사의 밀입국 단속 등을 담당하였다. 특히 무역과 관세 업무를 전담하는 나가사키 회소(會所)가 막강한 권력을 행사하였다.

265년간 120여 명에 달하는 부교 중에는 잘 나가는 부교가 있는가 하면 불행한 부교도 있었다. 1808년 10월, 영국 군함 페이튼(Phaeton)호가 네덜란드 국기를 달고 나가사키항에 침입하여 네덜란드 데지마 상관원 2명을 납치하고 식수와 식량을 강요하였다. 영국 해군은 당시 프랑스 지배하에 있던 네덜란드의 데지마 상관을 점거하려고 했던 것이다.

마쓰다이라 야스히데(松平康英) 부교는 역부족이라고 판단하여 그들의 요구대로 식료품과 음료수 등을 건네주었다. 그러자 그들은 상관원을 석방하고 도망치듯 나가사키항을 빠져나갔다. 상호간에 인명 피해 없이 '페이튼호 사건'이 그럭저럭 마무리된 셈이었다. 그런데도 부교는 납치범들의 요구에 굴복한 것을 수치스럽게 여기고 할복자살하였다. 그는 죽어서도 조상들이 묻힌 고향으로 가지 못하고 나가사키에 잠들어 있다.

축재에 능한 부교도 있었다. 1787년 3월에 나가사키 부교로 부임한 스에요시 도시타카(末吉利隆)의 회계 장부를 보면, 급료를 제외하고 연간 3천2백 냥(현재의 3억 엔 상당)의 개인적 소득이 있는 것으로 기록되었다. 나가사키 부교는 네덜란드 배가 입항하면 검사 명목으로 수입품의 일정량을 원가로 매입하여, 교토, 오사카에 보내 판매하여 막대한 이익을 남겼던 것이다. 뿐만이 아니라 나가사키에 입항하는 중국 상선은 의무적으로 막부가 발급한 입항 허가증인 신패(信牌)를 지참해야 하나 스에요시는 신패가 없는 중국 상선에 대해서 난파된 다른 중국 상선의 신패 사용을 묵인하고 뇌물을 받아 챙겼다. 결국 스에요시는 부정 축재가 탄로나 2년 4개월 만에 에도로 소환되었다.

무역도시 나가사키는 다양한 계층의 사람으로 구성되어 있는 관계로 너무 융통성 있게 처신하면 스에요시 도시타카처럼 소환당하기 마련이다. 그렇다고 원리 원칙대로 강경하게 밀어 붙이면 저항을 초래하여 임무를 제대로 수행할 수 없다. 참 어려운 벼슬자리이다.

재임 중에 평판도 좋고 나가사키 부교를 마친 후에는 막부의 요직에 임명되어 출세 가도를 달린 인물이 없지도 않다. 구제 히로타미(久世廣民, 1737~1800) 부교가 그 예이다. 그는 부교로서 1775년 12월부터 1784년 3월까지 8년 가까이 재임하였다. 부교의 평균적인 임기가 4년 정도였다는 것을 고려하면 상당히 장기간 근무한 셈이다. 구제 히로타미는 나가사키 부교의 임무를 성공적으로 마치고 재무장관직에 상당하는 간조부교(勘定奉行)에 발탁되었다.

1858년 미일 수호통상조약의 체결로 요코하마(横浜), 하코다테(函

館) 등이 개항되자 나가사키의 대외무역은 감소하기 시작하였다. 무역에 의존하고 있던 무역도시 나가사키의 경제 사정은 악화 일로를 걷게 되었다. 무역액이 감소하면 장사를 생업으로 하는 상인뿐만 아니라 수입 물건을 운반하는 단순 노동자의 생활도 어려워지기 마련이다. 18세기 초의 5만 명 정도의 나가사키의 인구가 19세기에 들어서자 3만 명 이하로 급감하여 쇠퇴의 길로 들어서게 되었다.

127대 부교 가와즈 스케쿠니(河津助邦)는 막부군이 도바·후시미(鳥羽·伏見) 전투에서 패배하였다는 소식을 듣자 메이지 원년 1868년 1월 14일, 에도로 줄행랑을 쳤다. 1603년 이래 265년간 이어져온 나가사키의 부교는 역사의 뒤안길로 사라지고 말았다.

여담 하나. 2014년 나가사키현립대학을 퇴임할 때, 나가사키 지사로부터 '나가사키 부교 서현섭'이라는 임명장과 함께 명함을 받았다. 명함 뒷면에는 나가사키 특산품 11개가 사진과 함께 소개되어 있다. 홍보대사 위촉인 셈이다. 본서의 간행도 '부교' 활동의 일환이라 하겠다.

일본 쇄국 정책의 실상

일본의 쇄국은 에도 막부(1603~1867)가 권력의 확립·유지를 위해 통상의 상대와 교역항을 제한하는 정책으로 1639년 포르투갈 선박의 입항 금지로부터 1854년 미일 화친조약 체결에 이르기까지 215년간에 걸친 선택적 고립 상태를 말한다. 쇄국 정책은 무역의 괴리와 봉건 지배의 윤리에 모순되는 그리스도교의 포교 저지를 위한 것이 주된 목적이었다.

도쿠가와 이에야스가 1603년 막부를 개설하고 바로 쇄국 정책을 실시한 것은 아니다. 초기에는 전국시대부터 행해져 왔던 슈인선(朱印船) 무역이 활발했다. 붉은 인장(印章)이 날인되어 있는 무역허가서를 슈인장(朱印狀)이라 하며 슈인장을 발급받은 선박을 슈인선이라고 한다.

1604년부터 일본 배의 해외 도항이 전면적으로 금지되는 1635년까지 350여 건의 슈인장이 발급되었다. 일본에 거점을 두고 있는 사람이라면 국적에 상관없이 슈인장이 발급되었다. 네덜란드, 중국인 상인들도 슈인장을 취득했다. 이 중에는 애덤스와 얀 요스텐의 아들들도 포함되어 있다. 무역을 관리하면서 상품의 안정적 확보를 위한 조치였다. 슈인선은 나가사키에서 출항하여 타이완, 인도네시아, 태국 등 동남아시아로 진출하여 활발한 교역활동을 하였으며, 그곳에는 일본인촌이 형성될 정도로 많은 일본인들이 진출했다.

막부가 1630년대에 다섯 차례에 걸친 해외 도항 금지 등을 발령함으로써 활발하던 해외 교역에 제동이 걸렸다. 1631년 해외 도항을 위해서는 슈인장 이외에 막부 정무 담당 최고위 총괄자인 로주의 봉서(奉書; 쇼군의 명령을 받아 하달한 문서)를 휴대하도록 하였다. 슈인장을 발급받지 못한 다이묘들이 타인 명의의 슈인장을 도용하는 위법행위가 적잖게 발생했기 때문이다. 2년 후 1633년에는 봉서선(奉書船) 이외의 일체의 일본 배의 외국 도항을 금지했을 뿐만이 아니라 5년 이상 외국에 체류한 일본인의 귀국도 금지했다. 1635년 막부는 마침내 모든 일본 배와 일본인의 외국 도항을 엄금하는 동시에 해외 거주 일본인의 귀국도 일체 불허였다. 이와 같은 막부의 해금 조치를 후세에 '쇄국령'이라고 불렀다.

이와 같은 쇄국령에도 외국 배의 일본 내항은 묵인하였는데, 1637년 시마바라의 난을 계기로 1639년에 포르투갈선에 대한 전면적인 내항을 금지함으로써 금교와 무역·외교 독점 체제가 완성되었다. 또한 1641년에는 포르투갈, 네덜란드 등의 혼혈아 모자 287명에 대해 추방령을 내리고, 중국과 네덜란드 무역선에 대해서만 일본 내항을 허가하고 그 장소를 나가사키에 한정시켰다.

쇄국 시대라는 와중에도 나가사키에 인접해 있는 사가현의 아리타 도자기가 1652년부터 1757년까지의 기간 중 유럽에 수출된 물량이 무려 81만 7,315점에 달한다는 사실을 눈여겨보아야 한다. 아리타 자기는 다 아는 바와 같이 임진전쟁 당시 연행되었던 조선의 도공 이삼평 등과 그들의 후예들이 구워낸 것이다.

쇄국 제도가 정비된 3대 쇼군 도쿠가와 이에미쓰(德川家光, 재위 1623~1651) 시대에는 '쇄국'이라는 말은 존재하지 않았다. 나가사키 출신의 난학자 시즈키 다다오(志筑忠雄, 1760~1806)가 데지마 상관의 독일인 의사 캠퍼(Engelbert Kaempfer)의 저서『일본지(日本誌)』(1727)의 네덜란드어판의 부록 제6편 〈쇄국 가부론〉을 〈쇄국론〉이라는 타이틀로 1801년 간행하면서 '쇄국'이란 어휘가 처음으로 선보였다.

쇄국이라는 용어를 만들어 낸 시즈키 다다오는 17세 때 네덜란드 수습통역관이 되었으나 신병을 이유로 일 년 만에 그만두고 그 후 20년간에 걸쳐 난학의 연구에 매진하였다. 그는 뉴턴의 만유인력의 법칙을 일본에 처음으로 소개하고, 천문학, 물리학 등에 관해 30여 권의 저서를 남겨 일본의 '천문학의 아버지'로 일컬어지고 있다. 현재에도 사용되고 있는 '동사' · '대명사' · '중력' · '가속' 등은 시즈키 다다오가 네덜란드어로부터 번역하여 만들어 낸 단어이다.

당초에는 '쇄국'이라는 용어는 부정적 의미를 내포하고 있지 않았다. 캠퍼는 『일본지』에서 일본의 역사와 지리적 여건으로 볼 때 막부의 해외 도항 통제 정책은 필요한 조치였으며, 인구 1백 만의 에도를 중심으로 한 일본의 안정과 평화를 유지하는 데 중요한 역할을 하였다고 긍정적으로 평가하였다.

일본에서 쇄국이 부정적으로 인식되기 시작한 시기는 1850년대 중반 미국에 의해서 일본이 개국한 전후였다. 메이지 유신 이후 일본이 근대화를 추진하는 과정에서 막부의 쇄국 정책 때문에 일본이 외국의 사정에 어두워 세계의 진보에 뒤처지게 되었다고 함으로써 쇄국은 진부한 개념으로 취급되었고 이와 같은 인식이 사회 전체로 퍼지게 되었다.

그러나 현재 일본의 중고등학교의 일본 역사 교과서에는 에도 시대의 국제 관계를 쇄국 일변도로 기술하고 있지 않다. 2019년 일본 고등학교 30% 이상이 채택한 『세계사B』 교과서에는 쇄국이라는 용어가 세 군데 사용되고 있으나 '쇄국'에는 다른 용어와는 달리 부호 낫표(「 」)를 사용하여 표기하고 있다. 이는 에도 막부가 대외 교류를 전면적으로 금지한 것이 아니라는 점을 강조하는 것이다.

다른 교과서도 에도 시대의 국제 관계를 쇄국적 관점이 아니라 나가사키·사쓰마·마쓰마에·쓰시마라는 〈4개의 창구론〉으로 설명하고 있다. 즉 나가사키에서는 네덜란드와 중국과 활발한 교역 활동이 행해졌고, 사쓰마를 통해서는 류큐 왕국(오키나와현), 마쓰마에를 통해서는 에조치(홋카이도)의 아이누와 교역을 하고 있었으며 쓰시마를 통해서는 조선과 외교·통상 관계를 유지했다고 기술하고 있다. 따라서 나가사키, 쓰시마, 사쓰마, 마쓰마에 등 네 곳의 외국 및 다민족과의 창구가 열려 있었기 때문에 '쇄국'이란 용어는 적절치 않다고 하여 '쇄국'을 '이른바 쇄국'으로 표기하기도 한다.

쇄국 시대에도 조선과 일본 간에는 외교·교역 관계가 지속되었던 것은 주목할 만하다. 특히 1678년에 개설된 부산의 초량 왜관에는 쓰시마의 성인 남자 4백여 명이 체류하면서 외교·교역 업무를 담당하였다. 1636년에 일본을 방문한 조선통신사 일행 475명이 일본의 환대를 받아 가며 쓰시마로부터 에도까지 왕복 10개월 정도의 여행을 하고, 통신사의 정사가 쇼군에게 국서를 전달하였다. 역설적으로 1500년 이상 소급되는 한일 관계에 있어 쇄국 시대처럼 표면적으로나마 동등한 외교관계를 유지했던 시기는 없었다.

당시 동아시아에 있어 쇄국은 국제적 관습이었다. 그러나 일본의 쇄국 정책은 1871년 신미양요가 발발한 뒤 세워진 척화비의 비문에 새겨진 '서양 오랑캐가 침범해 올 때 싸우지 않음은 곧 화친을 주장하는 것이며, 화친을 주장하는 것은 곧 나라를 파는 것이다.'라는 강경 일변도의 대응과는 사뭇 다른 것이었다. 막부는 쇄국을 표방하면서도 무역과 포교를 분리하여 데지마 상관을 통해 서양의 지식과 기술을 흡수하는 한편 국제 정세의 변화를 주시하고 동양으로 밀려드는 외세와 열강에 대비하였다고 하겠다.

유럽 상관의 각축장,
히라도

나가사키의 북서쪽에 위치한 히라도(平戸)는 남북 16km, 동서 10km의 섬으로 14세기 중반부터 왜구 활동의 본거지였다. 15세기 말 대항해 시대에 접어들자 유럽 국가 중 포르투갈 상선이 가장 먼저 히라도에 내항하여 1561년 히라도에 상관을 개설하였다. 그 후 포르투갈에 이어 1584년 스페인이 히라도에 상관을 개설하였다. 그러나 막부는 포교 활동을 식민지 획득의 전 단계로 인식하고 가톨릭의 선교를 금지하는 금교정책(禁教政策)을 강화하면서 1624년 스페인선의 일본 내항을 금지하고 상관을 폐쇄하였다.

포르투갈은 상관을 설치하여 80여 년간 히라도와 나가사키를 중심으로 활발한 교역을 하였지만 막부는 포교 활동을 한다는 이유로 포르투갈선의 기항지를 나가사키로 바꾸도록 명하였다. 나가사키 시내에 흩어져 있던 포르투갈 상인들은 1634년에 신축된 데지마로 옮겨갔으나 불과 5년 만인 1639년에 포르투갈선의 내항 금지 조치가 내려졌다. 1543년 다네가시마(種子島)에 표착하여 뎃포(鐵砲)라고 부르는 조총(musket)을 전해 준 이래 96년간에 걸쳐 일본에 서양 문명을 전한 포르투갈인의 일본 체류가 완전히 금지되고 말았다.

스페인이나 포르투갈의 상관이 오래 버틸 수 없었던 것은 경쟁 관계에 있는 네덜란드 동인도회사의 상관이 "저들은 먼저 선교사를 보내 주민들을 세뇌한 다음에 군대를 보내어 식민화하려고 한다"는 식으로 속닥거렸기 때문이다.

한편 조선에서는 일본보다 훨씬 늦게 포르투갈의 존재를 인식한 듯하다. 1614년에 이수광(1563~1628)이 저술한 『지봉유설』에 포르투갈이 불랑기국으로 소개되어 있다. '서남쪽 바다 가운데 있으며, 서양의 큰 나라이다. 그 나라의 화기를 불랑기라고 부르니, 지금 병가에서 쓰고 있다'고 기록하고 있다. 그러나 조선은 일본과 달리 포르투갈과 직접적인 접촉은 없었다.

17세기 초 영국, 네덜란드, 프랑스 등 유럽 국가들은 오늘날의 인도네시아와 인도 등의 지역에 교역 독점권을 향유하는 동인도회사를 경쟁적으로 설립하였다. '동인도'는 아시아 전체를 지칭한다. 동인도회사는 본국 정부로부터 무역 독점권뿐만 아니라 군대를 보유하고 조약 체결권까지 부여받았다. 영국 동인도회사(1601년 12월)에 이어 1602년 3월 6개 회사가 합병하여 암스테르담에 설립한 네덜란드 연합 동인도회사(Vereenigde Oost-Indische Compagnie, VOC)는 자본금이 영국 동인도회사의 10배, 약 650만 길더(현재 가치로 약 1억 달러)의 세계 최초의 주식회사이다. 이 회사는 네덜란드어 명칭의 앞 글자를 따서 VOC라고도 한다.

VOC는 1611년 자카르타에 상관을 개설하였다. 네덜란드에서 내항한 배와 말라카 제도와 반다 제도에서 향신료를 싣고 온 배가 입항할 수 있는 항구와 매입품과 하역 물건을 보관할 수 있는 장소가 필요했다. 이를 위해 VOC는 항구도시 자카르타를 무력으로 강점하고 바타비아(Batavia)로 개칭하였다. 1619년에 총독을 주재시켜 네덜란드의 아시아 지배의 근거지로 삼아 무역을 총괄하도록 하였다. VOC의 본부 건물은 현재 암스테르담대학이 사용하고 있으며, 1980년대 초 필자는 이 대학에서 국제법을 연구한 적이 있어 VOC에 익숙함을 갖고 있다.

1609년 8월, 막부는 네덜란드 동인도회사에 '네덜란드 배는 일본의 어느 항구에 입항하여도 좋다'는 허가장을 부여하였다. 이에 따라 같은 해 가을에 네덜란드 동인도회사의 무역선이 히라도에 내항하여 상관을 개설하였다. 히라도 상관은 당초 무역보다는 보급기지로서의 역할이 컸다. 그 무렵 네덜란드 동인도회사는 향신료의 산지 말라카 제도의 권익을 둘러싸고 포르투갈 등과 대립하고 있었으며, 히라도에서 확보한 식량, 일본인 용병들을 동남아시아로 송출하고 있었다.

모처럼 개설한 히라도 네덜란드 상관은 개점휴업 상태였다. 당시 중국의 명은 1557년 이래 마카오에서의 정주권을 갖고 있는 포르투갈 이외의 다른 국가와는 통상 관계를 금지하고 있어서 일본에 수출할 중국산 생사와 견직물을 확보할 수 없었기 때문이었다. 네덜란드와 일본 간의 무역이 궤도에 오른 것은 1624년 네덜란드가 타이완의 남부 안핑항(安平港)에 젤란디아(Zeelandia) 성채를 건설한 다음부터였다. 젤란디아 성채는 1662년 명나라의 장수 정성공에게 점거될 때까지 38년간에 걸쳐 네덜란드의 타이완 통치의 거점으로 활용되었다. 당시 명나라는 해금 정책을 취하고 있었으나 남방에의 선박도항은 허가하고 있었던 관계로 중국산 생사와 견직물 등이 안

핑으로 유입되었다. 네덜란드는 이를 매입하여 일본에 수출한 관계로 네덜란드와 일본 간의 무역이 점차 활기를 띠게 되었다.

호사다마라고 일본과 네덜란드 간에 무역 분쟁이 발생하였다. 타이완의 안핑을 기지로 하여 아시아 무역을 독점하려 한 네덜란드 상관과 1628년 생사를 구입하기 위해 안핑에 내항한 나가사키 유력자의 슈인선 선장이 충돌한 사건이다. 막부가 분쟁 사건에 대한 보복으로 네덜란드 선박 네 척을 억류하고 히라도 네덜란드 무역관을 폐쇄함으로써 양국 간의 외교 및 통상 관계가 4년 남짓 단절되었다.

네덜란드 동인도회사가 국면 타결을 위해 1632년 피테르 나위츠(Pieter Nuyts) 네덜란드의 타이완 장관을 인질로 에도에 파송함으로써 사건은 마무리되었다. 1636년 데지마 상관장이 에도를 방문할 때, 쇼군 도쿠가와 이에미쓰에게 최고급의 샹들리에 등의 예물을 헌상하여 성의를 표시하였다. 쇼군은 난생처음 보는 샹들리에 매료되어 꿈에도 못 잊는 조부 도쿠가와 이에야스의 신사에 바치고, 나위츠를 석방하였다.

이 샹들리에는 현재 닛코의 도쇼구(東照宮)에 보관되어 있다. 한편 나위츠는 바타비아로 돌아갔으나 회사에 막대한 손실을 끼쳤다는 이유로 면직 처분을 받은 데다 손해배상금 지불 명령을 받고 빈손으로 귀국하였다.

샹들리에 외교가 주효하여 1630년대 후반부터 네덜란드의 대일 무역액이 비약적으로 증대하여 데지마 상관의 전성기의 무역액을 상회할 정도가 되었다. 이에 따라 히라도 상관은 1639년에 시설을

일본군의 공격을 받고 있는 네덜란드의 타이완 장관, 나위츠.
모리시마 주료(森嶋中良)의 『만국신화(萬國新話)』(1789)

확장하여 일본에서 처음으로 서양식의 석조 창고를 건설하였다. 그러나 점차 쇄국 정책의 파도가 일기 시작하자 막부는 1640년 석조 창고의 완공 연도가 서력으로 표시된 것을 트집 잡아 건물을 파괴하고 데지마로 이전하라고 명령하였다. 이에 대해 네덜란드 상관은 단 한마디의 항의도 하지 않고 1641년 상관을 데지마로 옮겼다.

포르투갈과 네덜란드가 히라도에서 상관의 개설과 폐관을 반복하고 있는 것을 지켜본 영국이 가만히 있을 리가 없다. 1600년 일본에 표착한 네덜란드 리프데호의 항해사 윌리엄 애덤스는 영국인으로 이에야스의 외교 고문이었다. 애덤스의 건의에 따라 영국 정부는 상관 설치를 위해 존 새리스(John Saris) 제독을 파견하였다.

1611년 6월 히라도에 도착한 새리스 제독은 애덤스의 주선으로 이에야스를 알현하여 제임스 1세의 친서와 예물을 전달하고 무역허가 슈인장을 받았다. 그해 가을 히라도에 영국 상관이 개설되었다. 그러나 히라도 영국 상관은 1616년 이에야스의 타계, 1620년 애덤스의 병사로 끈 떨어진 연의 신세가 되었다. 설상가상으로 1623년 5월 말루카 제도의 암본(Ambon)섬에서 발생한 영국 상관과 네덜란드 상관 간 분쟁에서 패하였다. 이에 따라 영국은 인도네시아로부터 철수한 데 이어 1624년 1월 히라도의 영국 상관도 폐쇄하였다. 영국의 동인도회사는 암본 사건의 패퇴 이후 인도와 중국 진출에 주력하게 된다.

유럽 국가 중에서 네덜란드만이 일본과 장기간에 걸쳐 무역을 계속할 수 있었던 요인으로 두 가지를 들 수 있다. 첫째로는 막부의 명령이라면 언제나 군소리 없이 신속하게 실행한 것이다. 1637년 농민과 그리스도 신자들이 봉기한 시마바라의 난 때에도 막부의 요청에 히라도의 네덜란드 상관은 반군 진압에 참가하여 반군이 농성 중인 성을 향해 대포를 4백여 발이나 발사하였다. 이로 인해 네덜란드는 내외의 비난을 받았지만 전혀 개의치 않았다. 두 번째로는 네덜란드인들은 이교도인들의 영혼 구원보다는 교역을 통한 실익 추구에 전념하였다. '돈이 없으면 빛마저 어둡다'는 네덜란드 속담 그대로이다.

쇄국 시대의 통풍구,
데지마 상관

16세기 중엽까지 반농반어의 한촌에 불과했던 나가사키는 포르투갈인의 도래와 더불어 일본 유일의 무역항으로서 주목을 받게 되었다. 도쿠가와 막부는 1634년 나가사키의 유력 상인 25명에게 공사비를 갹출시켜 부채꼴 모양의 데지마(出島)라는 인공 섬을 만들어 시내에 흩어져 자유롭게 살고 있던 포르투갈인들을 이곳에 수용했다.

5천 평 정도에 불과한 인공 섬의 주위에 높이 2.7미터의 철책을 둘러치고, 주변의 해상에는 '접근금지'라고 쓴 기둥을 12개나 박아 놓았다. 또한 상관원의 외출과 외부인의 접근을 엄격히 통제하여 '국립 감옥'이라는 달갑지 않은 별명이 붙게 되었다. 이 같은 통제는 16세기 중반 부산에 설치된 왜관에 대한 조선의 관리와 유사한 면이 있다. 차이가 있다면 데지마에는 유녀들의 출입이 용인되었으나 왜관의 경우에는 여인들의 출입이 엄격히 금지되었다는 점이다. 뚜쟁이를 통해 은밀히 들어갔다가 발각된 경우에는 둘 다 왜관 앞에 효수되었다.

일본은 1543년 포르투갈의 일본 도착 이래 1639년에 그들의 내항을 금지할 때까지 약 백 년간의 서양 체험을 통해 스페인과 포르투갈은 선교사를 앞세워 일본의 식민지화를 꾀할 위험성이 있으나 네덜란드는 종파적으로 무해하며, 그들의 주된 관심은 통상에 있다는 것을 간파하였다. 이에 막부는 포르투갈인을 쫓아내고 1641년 히라도의 네덜란드 상관을 데지마로 이전시켰다. 막부는 매년 네덜란드 상관으로부터 데지마 임차료 명목으로 은 55관(약 1억 엔)을 거두었다. 이 금액은 포르투갈 상관에 부과한 임차료보다 은 25관이나 감액한 것이다.

1641년은 네덜란드의 황금시대 개막이었다. 네덜란드는 같은 해에 포르투갈로부터 말레이시아의 말라카를, 1642년에는 스페인으로부터 타이완의 지룽(基隆)을 탈취하였다. 이는 해상 강국으로서의 네덜란드의 부상과 스페인·포르투갈의 쇠퇴를 의미한 것이었다.

상관에는 카피탄이라 불리는 상관장을 비롯하여 상무원, 창고

가와하라 게이가(川原慶賀)의 「나가사키항」(1820).
좌측에 부채꼴을 한 데지마의 모습을 확인할 수 있다.

관리인, 회계, 의사, 조리사 등 10~15명 정도가 상주하였다. 막부에서 카피탄 이하 관원들의 가족 동반을 금지하고 있었기 때문에 성인 남자들뿐이었다. 이들 외에 동남아에서 데리고 온 종업원 등이 수 명 있었다.

네덜란드 동인도 소속의 배가 매년 7~8월에 북쪽으로 부는 계절풍을 타고 나가사키에 내항하였다. 초기에는 10척까지 입항한 해도 있었으나 17세기 후반에 4척, 3척으로 줄이더니 1715년부터 2척으로 정해졌다. 배가 입항한 8월부터 10월까지 3개월간은 데지마에 활기가 넘쳐났다. 그러나 배가 귀항하고 나면 10개월 정도 상관원들은 발이 묶여 데지마에서 당구를 치거나 술을 마시고 유녀들과 노닥거리며 소일했다.

일본에서 유일한 서양 문화 전래 창구인 데지마 상관은 쇄국 시대의 일본과 유럽 간의 교역을 독점하였다. 일본이 수출한 품목은 은·동·자기 등이며, 수입품은 생사·견직물·면직물·설탕·의약품 등이었다. 1603~1867년간 일본에 내항한 네덜란드 선박 수는 7백 척 이상에 달했다.

네덜란드 배의 입항 후 상관은 「네덜란드 풍설서」라는 국제 정세 보고서를 작성하여 막부에 제출해야 했다. 유럽의 정세, 신구교의 갈등 문제 등에 관한 이 보고서를 통해 일본은 당시의 국제 동향을 파악하고 대응책을 강구했다. '풍설서'의 원어는 네덜란드어의 'niews'로 영어의 'news'이다. 막부의 지도자들을 아연실색케 한 아편전쟁의 소식을 물어다 준 것도 예의 풍설서였다. 1840년 아편전쟁 이후에 제출한 풍설서는 「별단 풍설서」라고 지칭했으며, 일본어 번역문과 원문도 함께 막부에 제출하도록 하였다. 현재 1644년의 풍설서가 국회도서관에 보관되어 있다.

아편전쟁(1840~1842)은 중국이 서양과 격돌한 최초의 본격적인 전쟁으로 영국의 일방적인 승리로 끝나 1842년 난징조약이 조인되었다. 난징조약은 홍콩 할양, 광저우, 상하이 등 5개 항구의 개방, 배상금 지불 등을 포함한 불평등 조약으로 중국의 반식민화로 이어졌다. 청국은 전쟁에 패하여 굴욕적인 조약을 맺게 되었는데도 아편전쟁을 국제간의 사건이 아닌 국내의 지방에서 일어난 일종의 소요 사건으로 간주하여 흠차 대신을 파견하여 사태를 수습하려고 하였다. 그리하여 조선왕조는 아편전쟁을 서양 오랑캐가 대국 중국의 지방을 소란케 한 사건 정도로 치부하였다.

반면 일본은 아편전쟁에 대해 중국, 조선과는 다른 반응을 보였다. 막부는 네덜란드 상관이 제출한 아편전쟁에 관한 특별 보고서인 「별단 풍설서」를 통해 영국군의 압도적인 군사력과 청국의 참담한 패배의 실상을 파악한 후 강경한 대외정책을 신축적인 정책으로 전환하였다. 일본에 표착하는 이국 배는 무조건 내쫓아버리라는 이른바 이국선 격퇴령을 철폐하고, 그 대신에 이국 배에 필요한 연료나 식음료를 제공하라는 지시를 내렸다.

사실 데지마 상관과 유사한 기관의 설치는 중국이 시기적으로 앞선다. 중국의 청조는 1757년 서구 문물 유입을 통제하고 해관 질서를 바로잡기 위해 중국 전역의 해관을 폐쇄하고 오로지 광둥에서만 통상을 허락하는 일구통상(一口通商, Canton System) 정책을 실시하였다. 이후 광둥은 1842년 난징조약에 의해 5개 항이 개항될 때까

1820년대(상)와 1800년대(하) 데지마

지 청조의 유일한 무역항이었다. 데지마가 일본의 문명개화의 선도적 역할을 한 데 비해 광둥의 역할은 제한적이었다. 이는 중국이 중국 자체를 문명으로 자부하고 주변을 오랑캐로 인식하는 경향이 강했기 때문이었다.

데지마 상관은 네덜란드에 효자 노릇을 톡톡히 했다. 즉 네덜란드가 프랑스에 합병되어 있는 기간 중(1806~1813)에도 세계에서 유일하게 데지마 상관에는 적백청 3색의 네덜란드 국기가 해풍에 기세 좋게 펄럭이고 있었다.

현대의 네덜란드인은 의외로 데지마에 대해 무관심하다. 오래전에 일본의 오쿠라 호텔이 암스테르담에 '오쿠라(オクラ)'라는 이름으로 호텔을 개업하였다. 나가사키 출신의 사장은 식당 이름을 'DESIMA-出島'로 하여 식당 간판에 네덜란드 선박을 새긴 부조를 걸어두었다. 하지만 현지인들이 'DESIMA'가 무슨 뜻이냐고 자주 묻자 사장은 설명하기가 귀찮아서 'DESIMA'란 간판을 아예 떼어버렸다고 한다.

매화도 한 철이라고, 1858년 미일 수호통상조약에 이어 영국, 프랑스 등 5개국과 통상조약이 체결되자 나가사키는 일본 유일의 개항지로서 향유했던 특권을 상실하고 점차 요코하마, 고베에 밀리게 되었다. 1641년부터 218년간에 걸쳐 158대 98명의 카피탄이 재임한 데지마 상관은 폐지되어 영사관으로 바뀌었고, 무역항 나가사키는 조락의 길로 들어섰다. 한편 나가사키시에서는 1996년부터 데지마 복원을 본격적으로 추진하여 현재 10개 동이 완공되었다.

일본은 쇄국을 표방하면서도 데지마 상관을 통해 국제 정세 변화를 탐지하고 천문, 지리, 의학 등의 서양 학문을 수입하여 배우고 익혔다. 그러한 과정을 통해 중화 문명을 절대적이고 유일한 존재로부터 상대적인 존재로 인식하고 메이지 유신으로 상징되는 근대화의 길을 모색할 수 있었다. 중화사상이라는 문화적 편식에 빠져 있는 조선으로서는 데지마와 같은 서양을 향한 통풍구를 아예 가지려고 하지 않았다. 그 결과는 역사가 보여주고 있다.

난학의 촉진제,
에도산푸

에도산푸(江戶參府)라 함은 에도 시대(1603~1867) 나가사키의 네덜란드 데지마 상관의 책임자인 카피탄(상관장)이 에도를 방문하여 쇼군을 알현하고, 무역 허가에 대한 사의로서 예물을 헌상하는 것을 말한다. 네덜란드 상관원들은 궁정여행(Hofreise)이라고 불렀다.

카피탄(capitão)은 포르투갈어로 장(長)이라는 의미로 네덜란드 동인도회사의 일본 주재 대표이자 외교권을 행사하는 외교관이기도 했다. 임기는 막부가 밀무역과 선교 방지를 위해 1년으로 제한했으나 7, 8년 장기간 근무하는 경우도 있었다. 1609년부터 1856년까지 약 250년간에 걸쳐 166대에 달했다.

에도산푸는 시기적으로 조선통신사의 에도 방문(1607~1764)과 겹치는데 통신사의 경우는 11회에 불과했으나 카피탄의 에도 방문은 1633년부터 시작하여 1850년까지 116회에 달했다. 카피탄 일행은 보통 음력 정월에 나가사키를 출발하여 3월 초에 쇼군을 배알하고 보름 남짓 에도에 체류했다. 왕복 90일 정도가 소요되는 힘든 여정이었지만, 단조로운 데지마 생활에 물려 있는 상관원들에게는 모처럼 일본을 견문하고 기분을 전환할 수 있는 좋은 기회였다. 에도산푸에 참여한 일행은 상관장을 비롯하여 서기, 의사 등 네덜란드인 3~4명에 일본인 통역사, 나가사키 부교소의 관리, 보조원을 포함 총 50여 명에 달했다.

에도산푸의 꽃은 뭐니 뭐니 해도 카피탄 일행의 쇼군 알현이라고 하겠다. 『일본지(日本誌)』의 저자로 유명한 외과 의사 캠퍼는 데지마에 2년간 근무하는 동안에 운 좋게도 두 번이나 카피탄의 에도 예방에 수행하였다. 캠퍼가 두 번째의 에도 방문 때인 1692년 4월 23일 쇼군 배례 의식 등에 대해 방문 일기에 남겨놓은 내용의 일부를 소개한다.

카피탄 일행은 에도에 도착하여 식부관(式部官)의 지도를 받으며 배례의식의 예행연습을 한다. 배례 당일 알현실 앞에서 대통사와 함께 대기하고 있다가 '데지마 카피탄 앞으로!' 하는 소리가 나면 연미복 차림의 카피탄이 무릎걸음으로 쇼군 쪽으로 나아가 머리를 조아려 무역 허가에 대한 감사의 예를 표한다. 정면에는 카피탄이 헌상한 예물이 정연하게 배열되어 있다. 이로써 배례의식은 끝난다. 이 같은 의식은 유럽인에게 생각할 수도 없는 굴욕적인 의례로 쇼군의 권위를 내외에 과시하려는 조치이자 네덜란드의 일본에 대한 무역을 '조공무역'으로 간주하려는 막부의 인식을 보여준 것이다.

배례의식이 끝나면 '네덜란드인 관람'이 열릴 별실로 이동한다. 40대 후반의 도쿠가와 쓰나요시(德川綱吉, 재위 1680~1709) 쇼군이 길게 늘어뜨려져 있는 발 뒤쪽으로 약간 높은 단상에 마님들과 함께 앉아 있는 모습이 어른거렸다. 양쪽에는 막부의 고관 10여 명과 귀부인들이 막이 오르기를 기다리고 있었다.

쇼군이 먼저 네덜란드 일행 4명에게 질문을 던졌다. "이름은? 나이는? 직업은? 결혼은? 아이들은? 나가사키에서 네덜란드까지의 거리는?" 시시콜콜한 질문이 이어졌다. 쇼군은 캠퍼에게 일본에서 중환자를 치료한 적이 있는지를 물었다. 캠퍼는 조금도 주저하지 않고 "데지마는 감옥과 같아 그럴 기회가 없었다."고 대답했다. 평소 데지마를 '국립 감옥'이라고 비아냥거리던 버릇이 쇼군 앞에서도 툭 튀어나왔지만 별 탈은 없었다.

식부관이 등장했다. 그는 "일어서! 인사! 앞으로! 뒤로 돌아! 춤을! 말싸움을!" 하고 나더니 캠퍼에게 노래를 한 곡 부르라고 하였다. 그는 사랑의 노래를 독일어로 근사하게 한 곡 뽑았다. 쇼군이 어떤 내용의 노래냐고 물었다. 캠퍼는 일본의 번영과 쇼군 내외분의 만수무강을 축원하는 의미라고 둘러대었더니 모두들 좋아하였다. 마지막으로 남편이 아내에게 사랑을 표시하는 시늉을 해보라는 주문에 그들이 둘씩 짝이 되어 껴안고 볼에 키스를 하자 와- 하는 웃음소리가 터져 나왔다.

3시간 반쯤 지나자 그만해도 좋다는 신호가 왔다. 카피탄 일행은 쇼군에게 예를 표하고, 모두들 즐거운 한때를 보냈다는 표정을 짓고 있는 그들을 뒤로하고 물러났다. 그 이튿날부터 카피탄 일행은 사나흘 동안에 7~8명의 막부 고관 저택을 순방하며 배우 노릇을 하고 마지막으로는 다시 쇼군 거소로 가서 나가사키로의 귀임 인사를 한다. 그 자리에서 막부 고관이 선교 금지 등의 5개조의 준수 사항을 낭독한다.

카피탄이 에도를 방문할 때는 쇼군과 막부 고관들에게 예물을 바치는 것이 상례이다. 쇼군에 대한 예물은 헌상품, 고관에 대한 예물은 진상품으로 구별하여 불렀다. 닛코(日光)에 있는 도쿠가와 이에야스를 받드는 신사 도쇼구에 카피탄이 헌상품으로 바친 안경과 샹들리에가 보관되어 있다. 헌상품과 진상품에는 망원경, 대포, 안경 등이 포함되어 있으며, 안경이 가장 인기가 있었다. 1668년 4월 25일 자의 무역관 일기에 의하면 막부 고관들의 요청으로 1년에 3백 개의 안경을 마련한 적도 있다고 한다.

1633년 9월 쿠커밧커 카피탄의 헌상품에는 망원경 1개, 대포 4문, 화약 12병 등이 포함되어 있다. 또한 1634년에도 요새에 관한 서적과 함께 망원경과 대포를 헌상하였다. 이는 막부 지도층이 망원경의 군사적 효용에 주목하기 시작한 반증으로 보인다. 조선통신사의 주요 예물이 시종일관 인삼에 치중되어 있는 것과는 대조된다.

카피탄 일행의 에도 숙소는 지금의 도쿄 니혼바시(日本橋) 근처의 나가사키야(長崎屋)로 지정되어 있었다. 초창기에는 다이묘, 막부의 고위 인사들만 방문할 수 있었다. 그러나 시간이 흐르자 난학자, 의사들이 찾아와 통역사들에게 새로 수입된 서적이나 네덜란드어에 대한 질문을 하거나 카피탄을 수행해온 네덜란드 의사에게 가르침을 청하기도 하였다. 이곳은 나가사키를 제외하고 서양 문화를 직접 접할 수 있는 유일한 공간으로 난학에 대한 관심을 촉진시키고 일본과 네덜란드 간의 직접적인 교류가 이루어지는 무대였다. 에도 이외에도 교토, 오사카, 시모노세키, 고쿠라의 4개 도시에도 이들 일행이 왕복할 때 사나흘 정도 머무는 지정 숙소가 있었다. 이들 숙소는 말하자면 난학자들의 난학에 대한 갈증을 다소나마 해소시켜 주는 난학의 샘터였다.

난학(蘭學)은 화란학(和蘭學)의 약자로 에도 시대 네덜란드어와 네덜란드 서적을 통해 서양의 학술·문화를 연구하는 학문의 총칭이다. 16세기 중반부터 약 1백 년간은 주로 포르투갈을 통해 서양의 문물이 수입되어, 그 연구를 남만학(南蠻學)이라고 했다. 난학은 에도 중기 이후에 융성했다. 특히 쇼군 도쿠가와 요시무네(德川吉宗)가 1716년 8대 쇼군으로 취임하여 실학 진흥책을 펴고 그리스도교와 무관한 외국 서적의 수입을 허가하자 의학, 천문학, 지리학, 화학 등 여러 분야에 걸쳐 난학이 크게 발전하였다.

1960년대 말 난학자들의 후예인 일본 의사들이 네덜란드를 방문하여 네덜란드 의료계 인사들에게 난학의 은혜에 사의를 표하고 기념품을 전달했지만 정작 그들은 이런 사실을 잘 모르고 있었다고 한다. 일본 근대화에 지대한 공헌을 한 네덜란드인들이 전혀 생색을 내려 하지 않은 데 대해 깊은 인상을 받았다고 한다. 네덜란드인들은 셈에 둔한 것이 아니라 오히려 너무 밝혀서 문제로 보인다. 암스테르담에 있을 때 '국제법의 아버지'로 알려진 그로티우스의 생가를 찾기 위해 박물관과 시청을 전전한 적이 있었다. 그때 시청 직원이 딱하다는 듯이 그로티우스 생가는 찾아서 무엇 하겠냐면서 이미 그의 생가는 재개발되어 다른 건물들이 들어섰다는 것이다. 셈에 밝은 후예들 덕분에 그로티우스는 생가를 잃었고 세계는 역사를 잃었다.

한편 요시무네 쇼군의 취임 축하 사절단으로 1719년에 파견된 신유한은 쓰시마에서 "히라도와 나가사키가 바다 저편에 있다고 한다. 중국 상선이 입항하는 나가사키는 물산이 풍부한 것으로 유명한데 우리 배가 그곳을 경유하지 않아 구경할 수 없어 유감스럽다."고 『해유록』에 적고 있다. 조선통신사의 일본 견문록의 대부분이 일본을 한 수 아래로 보는, 자기도취적인 데 비해 제술관 신유한의 나가사키에 대해 호의적인 관심 표명은 예외적이라 하겠다.

국제적 환락가,
마루야마

쇄국 시대 유일하게 포르투갈, 네덜란드, 러시아 그리고 중국 상선들이 드나들 수 있었던 나가사키. 나가사키항에 무역선들이 들락거리고, 단신 부임한 푸른 눈의 장사꾼들이 장기 체류하게 되자 이국땅의 객고를 풀어 줄 유곽이 하나둘 생기기 시작했다. 쇄국 시대를 사는 일본 여인들이 서양인에게 육체의 문을 개방한 셈이다.

1642년 나가사키 시대에 흩어져 있던 유곽을 정리하여 현재의 마루야마(丸山)로 이전하여 에도의 요시와라(吉原), 교토의 시마바라와 함께 일본 3대 유곽이 탄생하게 되었다. 나가사키 마루야마의 유녀들의 명성은 일본 전국에 널리 알려졌다. 마루야마는 외국인을 상대하는 유일한 유곽으로 쇼군 직할령인 나가사키 출신만이 적을 올릴 수 있어서 마루야마의 여인들은 콧대가 높았다.

마루야마 유곽 옛터 입구의 지명은 지금도 시안바시(思案橋)라고 하는데 아마도 처음엔 작은 다리가 있었던 모양이다. 사내들이 마루야마 유곽에 기분을 풀러 갈 때 이 다리를 건너면서, '갈까, 말까'를 이리저리 생각했다고 하여 시안(思案; 궁리)하는 다리(橋)라 했다고 한다.

시안바시에서 마루야마 유곽의 옛터 쪽을 향해 올라가면 버드

나무 아래에 히라가나로 '오모이키리바시(おもいきりばし)'라고 쓴 돌기둥이 서있다. 오모이키리바시(思い切り橋), 즉 '눈 딱 감고 작심하는 다리'이다. '에라 모르겠다. 가서 한바탕 놀자' 하고 마음을 굳힌 사내들이 빨려 들어가듯 유곽 안으로 사라져 갔다. 겐로쿠 시대(1688~1704)의 소비문화의 전성기를 맞이한 1690년대 초기에는 마루야마의 황금기로서 유녀 수가 1,443명에 달했다고 한다. 1680년에 766명이었던 유녀가 10년 사이에 두 배로 늘어났다.

마루야마 유녀들은 일반인의 출입이 금지되어 있는 데지마와 도진야시키의 출입이 허용되었다. 손님의 국적에 따라 일본인, 중국인 또는 서양인 상대의 유녀로 나누었다. 해웃값은 네덜란드인 등의 서양인은 4만 5천 엔~1만 5천 엔, 일본인과 중국인은 1만 5천 엔 정도였다. 일본인은 현금을 지불하였지만, 네덜란드인과 중국인은 월말

마루야마 유곽 풍경

에 일괄하여 정산한 관계로 체납 문제가 심심찮게 발생하였다. 데지마 상관이 마루야마에 지불한 금액은 연간 무역액의 약 20%였다고 한다. 1685년 일본과 네덜란드 간의 연간 무역액은 은 3백 관(약 32억 엔)에 달했으니 여인네들의 몸값으로 지불한 금액이 자그마치 6억 4천만 엔이라는 계산이다.

데지마가 건설된 지 10년쯤 되자 나가사키 부교는 유녀들의 데지마 출장 매춘을 공인하였다. 데지마의 상관원들은 가족 동반이 금지되어 기혼자도 혼자 지내야 했으며 외출도 마음대로 할 수 없었다. 따라서 그들은 반반한 여자들을 숙소로 불러들였다. 간택을 받은 유녀는 한껏 화장을 하고 가장 아름다운 기모노로 멋을 낸 뒤 안짱걸음으로 데지마에 도착하여 입구에서 출입 수속을 한다. 화장도구, 옷가지가 든 작은 가방을 든 가무로라고 불리는 몸종이 놀란 토끼처럼 주위를 두리번거린다.

데지마에 온 유녀는 하룻밤의 쾌락에 봉사하기도 하지만 상대편의 마음에 들면 장기 체류도 가능했다. 그 경우에는 매일 아침마다 검문소에 나가 점호를 받아야 했다. 데지마에는 원칙적으로 일본인 거주가 금지되었지만 유녀들과 그 몸종, 그리고 무역관원의 개인 사용인은 예외였다. 사랑의 봉사가 끝나고 시내로 돌아갈 때는 출구에서 반출품에 대한 엄격한 조사가 있었다.

임신을 한 경우에는 사내아이는 중절수술을 시켰다. 여아는 낳아 데지마 관내에서 아이 아빠와 일곱 살 될 때까지 함께 살 수 있었다. 1636년 쇄국령을 발포하면서 혼혈아와 서양인 첩들을 마카오와 자카르타로 추방하였다. 유녀들은 꽃으로서 더 이상 매력이 없는 나이에 이르면 은퇴하여 보통의 여자들처럼 결혼하여 현숙한 아내와 자애로운 어머니의 길을 걸었다.

네덜란드 상관의 젊은 직원의 에피소드 하나. 신앙심이 깊고 엄격한 모친 슬하에서 성장한 젊은이는 마루야마 유녀 옆에는 아예 가지도 않았다. 부임하여 반년쯤 지나자 정서불안 증세를 보였다. 그를 진찰한 의사의 처방은 '유녀'. 그는 처방대로 마루야마 유녀와 달콤한 한때를 보내자 정신 불안 증세가 거짓말처럼 가셨다고 한다.

마루야마는 외국인 전용 유락 시설이 아니다. 막부 말에는 신지식과 신기술을 동경하는 지사들이 나가사키로 몰려들었다. 그들은 이곳에서 마시고 주무르며 천하대세를 논하고 국내외의 여러 가지 정보를 주고받았다. 이와 같은 지사들의 무리 속에 비운의 영웅 사카모토 료마(坂本龍馬)의 모습도 있었다. 지금도 영업을 하고 있는 요정 가게쓰(花月) 2층 방의 기둥에는 료마의 칼자국이 남아있다. 료마가 대취하여 정원에 퍼질러 누워서 코를 드르렁거리며 잤다든가, 마루에 서서 정원을 향해 소변을 내깔겼다는 무용담이 전해져 오고 있다.

가게쓰에는 료마의 '그녀' 모토로라는 미녀가 있었다. 막부 말의 실력자들은 료마와 이야기가 잘 안 풀리면 료마를 가게쓰로 초대하고 모토로로 하여금 시중들게 한다. 얼큰해 질 무렵에 모토로는 얼굴에 엷은 미소를 띠고 료마를 보며 샤미센을 뜯는다. 샤미센의 애잔한 선율이 료마의 굳은 표정을 풀어지게 한다. 같은 도사번 출신이면서도 복잡한 사연이 있어 앙숙으로 지내던 고토 쇼지로(後藤象

二郎)와 극적으로 화해한 무대도 이곳이었고 주연보다 더 빛난 조연은 모토로였다는 일화가 전해지고 있다. 영웅호색, 료마도 예외는 아니었다.

중국인 격리 장치,
도진야시키

전국시대 말부터 에도 시대에는 나가사키를 중심으로 중국과 일본의 교류가 이루어졌다. 도쿠가와 막부는 네덜란드에만 일본 시장을 독점시키지 않고 중국에도 대일 무역을 허용하여 경쟁을 유도하는 정책을 취했다.

사실 당시 나가사키 무역의 주역은, 네덜란드나 포르투갈 상선이 아니라 중국 상선이었다. 네덜란드 배는 일 년에 한두 척 입항하는 것이 고작이나 중국의 무역선은 봄, 여름, 가을 세 차례 입항했다. 중국 무역은 네덜란드와의 무역과 비교하면, 거래 금액 3배 이상, 수입 금액도 약 2배에 달했다.

중국 상선이 나가사키에 최초로 내항했던 시기는 1562년, 임진전쟁 30년 전이다. 임진전쟁 후 중국선의 일본 도항은 10여 년간 단절되었다. 전란 후 1610년에 처음으로 일본에 온 선주 주성여(周性如) 등이 막부로부터 슈인장을 발급받아 일본 각지에서 무역을 할 수 있게 되었다. 일본의 쇄국 정책이 아직 강화되기 이전, 곧 1611~1635년 일본에 내항은 중국 상선 450여 척으로 연평균 약 20척에 달한다. 그러나 1635년 쇄국령이 공표됨에 따라 중국 상선의 입항은 나가사키항으로 제한하기에 이르렀다. 1639년에는 포르투갈 선박의 내항이 일체 금지되어 쇄국 체제가 완성된 후에는 중국 상선이 나가사키의 경기를 좌우하게 되었다.

중국선은 입항 후 선장 등이 친하게 지내는 일본인 상인의 거소에 숙소를 정하고 적재 화물의 판매와 선적품의 구입을 위탁한다. 물론 상당한 금액의 수수료를 지불한다. 선장 일행은 화물이 처리되는 동안 마루야마의 기녀들과 환락의 도가니로 빠져든다. 중국 상선의 선장, 선원 등이 나가사키의 이곳저곳에 숙소를 정하고 짧게는 2개월, 길게는 9개월 가까이 체재했다. 이들을 통해 중국의 생활 문화가 점차 나가사키에 스며들어 일본 전국으로 퍼지게 되었다. 이런 의미에서 나가사키는 일본에 있어 화교와 중화거리의 발상지라고 할 수 있다.

1688년 나가사키에 입항한 중국 배는 194척으로 입국한 중국인 수는 9천 명을 넘었다는 기록이 있다. 당시 나가사키의 인구가 5~6만 명 정도였다는 점을 감안하면 상당히 많은 중국인들이 나가사키 시내를 활보하고 있었다는 것을 알 수 있다.

17세기 후반에 중국 무역선이 나가사키 내항이 급증한 배경에는 중국의 복잡한 국내 사정이 있었다. 1644년 명·청 교체로 중국 대륙의 패권을 장악한 청국은, 중국의 연안 지역을 무대로 청국을 공격하고 명 왕조의 부활을 획책하고 있는 정성공(1624~1662) 일당에게 타격을 가하기 위해 연안의 주민을 내륙으로 강제 이주토록 하는 천계령(遷界令)을 발령하는 등 해안지대를 엄격히 통제했다.

정성공은 히라도에서 일본인 어머니와 밀무역으로 축재한 중국인 아버지 정지룡과의 사이에서 태어났다. 그는 7세 때 아버지의 고향 푸젠으로 건너가 성장하여 반청복명(反淸復明)에 진력하여 1645년 21세 때 명의 융무제로부터 황제의 성 주씨(朱氏)를 하사받아 '국성야(國姓爺)'라 불렸다. 청국이 1662년 정성공이 병사한 후 점차적으로 연안 지역의 통제를 완화하고 해외무역을 용인함으로써 중국의 무역선이 대거 나가사키로 내항하게 되었던 것이다. 중국 무역선은 나가사키에 입항할 때 네덜란드선과 같이 해외 정세를 종합한 보고서인 당선풍설서(唐船風說書)를 의무적으로 제출해야 했다. 쇄국 시대 일본에 있어서 네덜란드의 풍설서와 함께 대단히 귀중한 정보 자료원이었다. 중국어 통역사들에 의해 서둘러 번역되어 비각(飛脚; 파발꾼) 편으로 에도 막부에 전달되었다.

나가사키 시내의 이곳저곳에 수천 명의 중국인이 체류함으로써 도박, 마약 등 여러 가지 문제가 발생하고, 밀무역이 성행하기 시작하였다. 이들을 한 장소에 수용하여 감시할 수 있는 시설이 필요하게 되었다. 이에 따라 막부는 나가사키 부교에게 도진(唐人; 중국인)을 일정한 장소에 격리, 수용할 수 있는 도진야시키(唐人屋敷) 즉 중국인 거류지의 건설을 명하였다.

도진야시키는 건축 공사를 시작한 지 불과 7개월 만인 1689년 4월에 완공되었다. 면적은 약 9,400평으로 데지마의 2배 정도이며 수용 인원은 2천 명 정도였다. 1689년에는 4천 명 이상이 머물렀다. 나가사키 부교는 처음에는 이들이 마음대로 거류지를 벗어나지 못하도록 엄격한 조치를 취했으나 시간이 경과함에 따라 비교적 자유

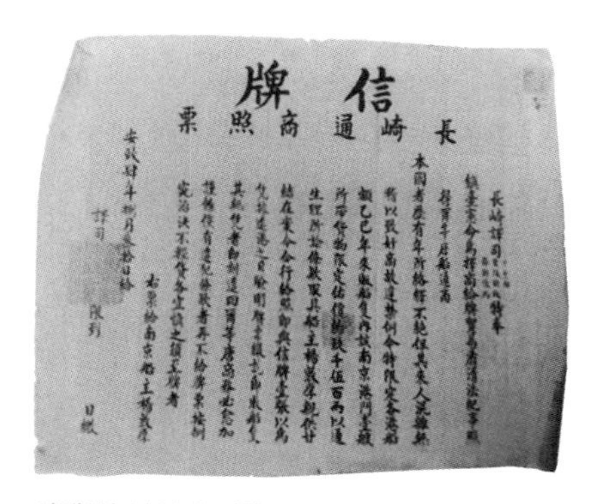
信牌
長崎通商照票

신패(청 상인의 입항을 허가하는 증서)

롭게 외출할 수 있도록 하였다.

도진야시키의 책임자는 데지마 상관장과는 달리 교섭권이 부여된 대표가 아니라 일개 상인에 불과하였기 때문에 에도로 상경하여 쇼군을 배알할 수 없었다. 다만 도쿠가와 이에야스가 1590년 8월 1일 에도에 입성했던 것을 기념한 8월 초하룻날에 도진야시키 대표가 쇼군 대리인 나가사키 부교를 예방하여 무역에 대한 사의를 표하고 많은 선물을 헌상하였다. 이에 대해 부교도 적당한 날을 잡아 도진야시키로 답방을 하여 답례하였다.

중국인들의 입국이 늘어나자 자연스럽게 전문 통사(通事)가 출현하게 되었다. 이들은 통역과 중국어로 작성된 해외 정보 보고서의 번역 등의 업무를 담당한 세습직의 지방 관리이다. 통사는 크게 네덜란드어 통역과 마찬가지로 대통사, 소통사, 수습통사로 나누며, 많을 때는 8백여 명에 달했다고 한다. 통역사를 '통사(通詞)'라 하지 않고 '通事'로 표기한 것은, 통사의 업무가 단순히 통역만 하는 것이 아니라 무역·외교 등의 업무에도 관여했기 때문이다. 중국인의 통역은 '통사(通事)', 네덜란드어 통역은 '통사(通詞)'라고 구별하여 표기했다.

도진야시키에 출입하기 위해서는 부교소의 관리가 발급하는 출입증을 제시해야 한다. 이곳을 가장 빈번히 출입한 부류는 몸이 자산인 유녀들이었는데, 이들은 원칙적으로 하룻밤 자고 나가야 하나 실제로는 머물고 싶을 만큼 머물렀다. 나가사키 부교로서는 매춘은 일종의 '눈에 보이지 않는 수출'인데 굳이 이를 엄격히 통제할 필요가 없었다. 또한 도진야시키가 중국인의 수용소라는 불평을 입막음하기 위해서도 유녀들의 출입이나 체류에 대해 관대하게 대했다. 1732년 한 해 동안 도진야시키를 방문한 유녀의 총 수는 2만 4,644명이었다고 관리대장에 기록되어 있다. 일본인들의 기록벽은 기이하다고 할 정도이다.

1688년에는 중국 선박의 나가사키 입항은 194척으로 피크에 달했으나 막부에서 1689년에는 중국 상선의 수를 90척으로 제한하기에 이르렀다. 이와 같은 조치는 중국으로부터 생사를 수입하고, 일본으로부터 금·은을 수출했으나 일본 국내 광산의 산출이 감소하여 1688년에 들어서자 통화로 사용하는 금·은이 부족하게 되었기 때문이다. 중국 상선에 의해 수입된 주요 품목은 생사, 견직물, 약재 등이고 서적도 적지 않게 포함되어 있었다. 1714년부터 1855년까지 나가사키를 통해 수입된 서적의 수량은 6,118종으로 합계 7,240책에 달했다.

조선 후기 실학자들의 등장에 따라 조선의 기록에도 나가사키가 심심찮게 등장한다. 예컨대 박지원은 풍자소설 「허생전」에 무인도에서 수확한 쌀 등을 나가사키에서 팔아 은 백만 냥을 챙겼는데, 그곳은 31만 호가 사는 큰 고을이라고 했다. 또한 박제가는 『북학의』에서 일본이 중국과 직접 통상한 이후 교역국이 30여 곳으로 늘었으며, 천하의 진기한 물건과 중국의 골동품·서화가 나가사키로 몰려들고 있다고 적고 있다. 이뿐만이 아니다. 실학의 대가 정약용은 일본이 중국과 직통하여 서적을 다수 구입하고 또한 학문이 과거 시험을 위한 것이 아니기 때문에 이미 조선을 능가하고 있다고 평하였다. 이 같은 언급은 조선의 사회적·경제적 변화에 따른 사회 모순의 해결을 고민하는 실학자들의 일면을 드러낸 것이라 하겠다.

나가사키에 뿌리 내린 중국의 실상을 보기로 하자. 나가사키의 차이나타운에 성당이 있다. 1711년에 세워진 '성당'은 가톨릭교회가 아니라 공자의 사당을 지칭한다. 이 성당은 유교는 물론 중국과 일본의 무역에 있어서도 중요한 역할을 했으나 1868년 메이지 유신 이후 황폐해졌다. 그 후 나가사키에 거주하는 화교들이 청국 정부의 지원을 받아 1893년에 공자 사당을 재건하였다. 원폭의 피해를 입긴 했으나 몇 차례의 보수공사를 거쳐 지금은 나가사키에서 중국문화를 소개하는 관광 명소로 자리 잡았다.

나가사키의 공자 사당 재건 90주년을 맞이한 1983년에 중국역대박물관(中國歷代博物館)이 공자 사당 뒤편에 개관되었다. 2층에 중국 베이징의 고궁박물원 소장의 궁정 문물과 미술품을 전시하고 있다. 중국 굴지의 박물관과의 제휴에 따라 국보급 소장품을 나가사키의 중국역대박물관에서 관람할 수 있게 되었다. 중국 밖에서 고궁박물원 소장품의 상설 전시가 가능한 유일한 곳으로 전시품은 고궁박물원의 기획으로 2년마다 60~70점을 교체하여 전시한다. 나가사키에서 중국의 진수를 쉽게 접할 수 있는 곳으로 휴관일 없이 연중 개관하니 편리하기도 하다.

난학의 청신호, 『해체신서』

1771년 3월 3일 저녁 무렵, 네덜란드 의사 스기타 겐파쿠의 자택으로 관아에서 보낸 한 통의 통지서가 배달되었다. '명일 고즈카하라 형장에서 사형수의 해부가 예정되어 있으며 참관 가함.'이라는 반가운 내용이었다. 고즈카하라 형장은 현재 도쿄의 동북쪽 아라카와구에 있는 사형장으로 에도 시대에 20만 명 이상의 사형수가 처형된 곳이다.

당시 스기타 겐파쿠(杉田玄白, 1733~1817)는 현 후쿠이현 아바마번의 의사로서 에도에 있는 번주 저택에 근무하고 있었다. 겐파쿠는 에도 중기의 한의학의 대가 야마와키 도요(山脇東洋, 1705~1762)가 1754년에 관의 허가를 받아 교토의 교외에서 사형수의 사체를 해부한 결과를 정리한 『조시(藏志)』를 접하고 부러운 생각이 들었다. 『조시』는 일본 최초의 해부학 도서로서 사변적·관념적 사고를 벗어나 경험과 실증의 중요성을 일깨워준 역작이다.

1764년 조선통신사의 수행원으로 일본을 방문한 의사 남두민은 기타야마 쇼(北山彰)라는 의사가 『조시』에 대해 이야기를 꺼내자 배를 갈라서 아는 것은 어리석은 사람들이 하는 짓이고, 가르지 않고도 아는 것은 성인(聖人)만이 할 수 있으니 미혹되지 말라고 충고했다. 소중화를 자처하는 그에게는 '해부'는 몹쓸 짓거리에 불과했다.

겐파쿠는 1771년 초에 향리 아바마번의 의사 나카가와 준안(中川順庵, 1739~1786)의 도움으로 독일인 아담 쿨무즈의 『해부도보(解剖圖譜, Anatomische Tabellen)』의 네덜란드어 번역본 『타헤르·아나토미아』를 나가사키 네덜란드어 통역으로부터 용케도 입수하였다. 그는 네덜란드어를 잘하는 편은 아니나 28매의 『해부도보』에 완전히 빠져들었다.

중국 의서의 오장육부설이 맞는지, 네덜란드의 인체 해부도가 맞는지를 자신의 눈으로 직접 확인하고 싶었다. 그래서 오래전에 관아에 해부 참관을 요청해 두었는데, 오늘에야 낭보가 날아든 것이었다. 겐파쿠는 떨 듯이 기뻤다. '이 좋은 기회를 독점해서는 안 되지.' 하는 생각에 고향 후배 의사인 나카가와 준안에게 알렸다. 그리고 잠시 생각에 잠기더니 평소 자신을 데면데면하게 대하는 나카쓰번의 의사 마에노 료타쿠(前野良澤, 1723~1803)에게도 선심 쓰는 셈 치고 연락하였다.

이튿날 3월 4일 아침, 형장 근처의 찻집에서 세 사람이 차를 마시며 오늘 참관하게 되는 해부에 대해 이런저런 이야기를 주고받았다. 그때 료타쿠가 젠체하며 품에서 『타헤르·아나토미아』를 꺼내 보였다. 그러자 겐파쿠도 질세라 가방에서 『타헤르·아나토미아』를 꺼내들자 료타쿠가 깜짝 놀라며 박수를 쳤다. 이로써 그간 두 사람 간의 소원했던 관계가 일시에 동지적 관계로 일변하였다.

겐파쿠 일행은 찻집을 나와 형장으로 발걸음을 옮겼다. 머리가 하얀 백정이 한 노파의 시체를 능숙한 솜씨로 절개하면서 기관(器管)을 하나씩 들어 보였다. 그들은 실체가 『타헤르·아나토미아』의 해부도와 너무나도 일치하여 탄성을 연발하였다. 폐와 간의 구조, 위장의 위치 및 형태가 그때까지 자신들이 애용한 중국 의서와 다르다는 것을 알았다. 오랜 의문이 풀리는 순간이자 오랫동안 신뢰해온 한방(漢方)과의 결별을 고하는 자리이기도 하였다.

돌아오는 길에 한동안 그들은 아무 말 없이 깊은 생각에 잠겼다. 의학의 기본인 인체 구조도 제대로 모르는 주제에 '에헴' 하며 번의 녹을 축내며 살아온 게 여간 부끄럽지 않았다. 겐파쿠가 침묵을 깨고 『타헤르·아나토미아』를 번역하자고 제의했다. 두 사람은 마침 기다리고 있었던 것처럼 흔쾌히 동의하였다. 겐파쿠는 '좋은 일은 서둘라'는 속담을 들먹거리며 당장 내일부터 시작하자고 하여 발동을 걸었다.

이튿날 1771년 3월 5일, 그들은 에도 쓰키지에 있는 료타쿠의 자택에 모였다. 당시 마에노 료타쿠 48세, 스기타 겐파쿠 38세, 나카무라 준안 32세. 변변한 사전 한 권도 없는 시대에, 7백여 개의 단어를 이해하고 있다고 하는 료타쿠를 중심으로 네덜란드어 해부학 원서를 번역하겠다고 나섰다. 이는 분명히 무모한 도전이었다.

249페이지에 달하는 『타헤르·아나토미아』 본문의 반 이상을 차지하고 있는 작은 활자체의 각주 번역 여부를 두고 의견이 갈렸다. 겐파쿠는 각주의 번역을 생략하고 28페이지의 해부도에 관한 설명문을 중점으로 번역하자고 제의하였다. 이에 대해 완벽주의자이며 학자 타입인 료타쿠는 본문은 물론 각주도 충실히 번역하여야 한다고 주장했다. 겐파쿠가 "그러면 우리 생전에는 끝낼 수 없을 것이다."라고 하자 료타쿠는 마지못해 각주의 번역을 생략하는 데 동의

하였다. 결과적으로 겐파쿠의 기획이 좋았다. 각주까지 번역을 시도했더라면 10년 이상의 세월이 소요되었을 뿐만이 아니라 중도에 그만두어야 하는 사정이 발생하였을지도 모른다. 당시로서는 서양의학의 기본인 해부학을 소개함에 있어서는 본문과 부도로 충분한 것이었다.

그들은 본업인 번의 의사의 직무를 수행하는 한편 한 달에 6~7회 모여 원서를 윤독하고 단어 하나하나에 대해 그 의미를 곱씹어가며 토론하였다. 어려운 단어가 나오면 언젠가는 이해할 때가 오리라고 믿고 우선은 동그라미 안에 열십자⊕ 표시를 넣어두었다. 이 세 사람 이외에 서너 사람이 가끔 참석하여 작업을 도왔다. 그들은 어떤 때에는 한 줄의 문장을 번역하기 위해 사흘 동안이나 씨름을 하기도 했다. 겐파쿠는 그날의 윤독과 숙의 결과를 토대로 밤늦게까지 원고를 작성하여 다음 모임 때 원고를 가지고 와서 다시 검토하였다. 최종적인 교정은 준안이 맡았다. 번역을 시작한 지 일 년쯤이 지나자 속도가 붙어 당초 예상보다 빠른 1772년 12월에 번역을 거의 끝낼 수 있었다.

겐파쿠는 『타헤르·아나토미아』의 번역본이 몰고 올 파문을 염두에 두고 1773년 1월에 해부도 5매를 실은 팸플릿 『해체약도(解體約圖)』를 간행하여 막부의 요로 등에 배포하여 반응을 떠보았더니 다행히 별문제가 없었다. 그들은 번역에 박차를 가해 번역을 시작한 지 3년 반이 지난 1774년에 초에 번역을 완성하였다. 연출가 겐파쿠는 출판을 서둘렀다. 그러나 번역을 실질적으로 주도한 료타쿠는 미진한 부분이 많아 아직은 출판할 단계가 아니라고 또 브레

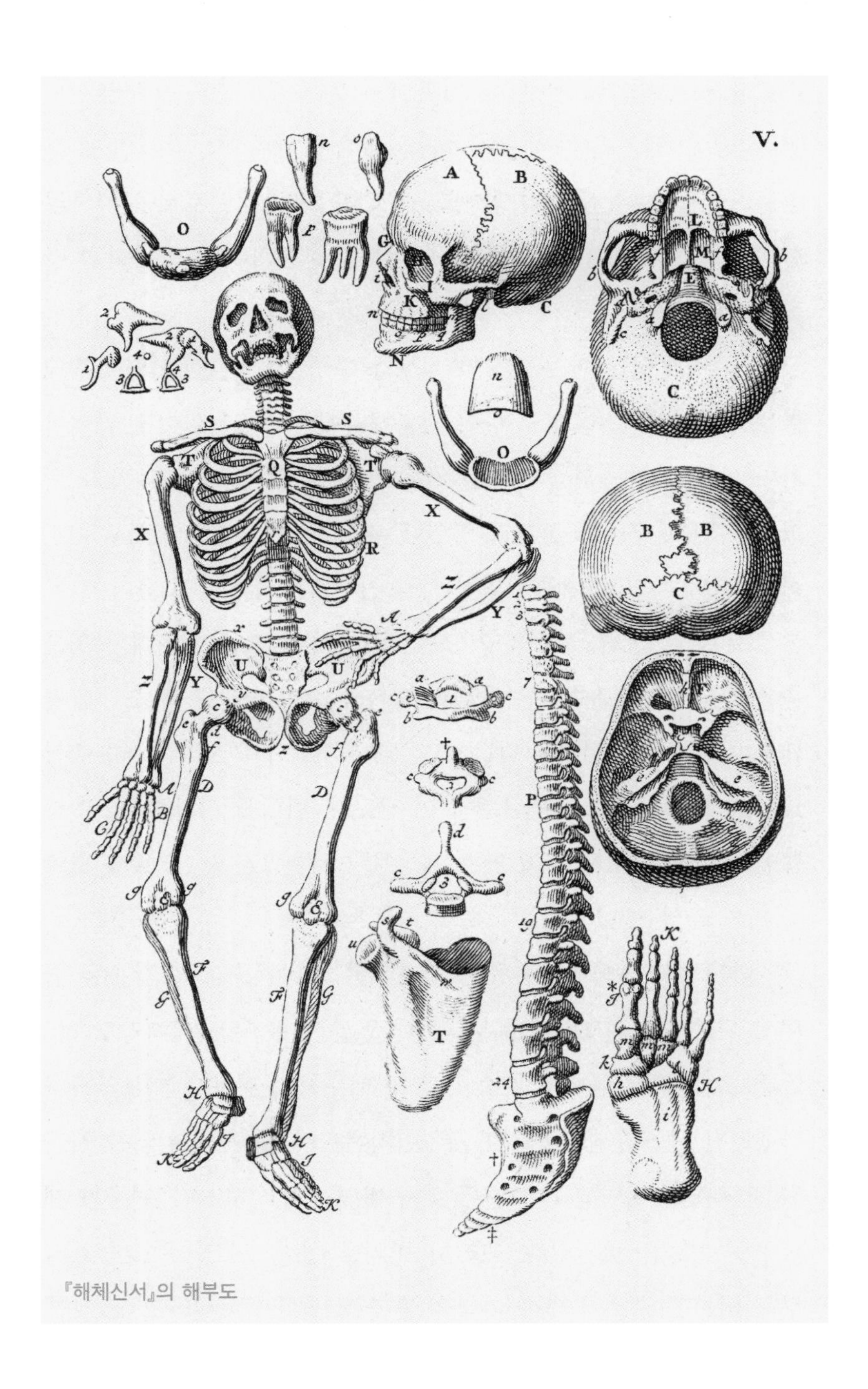

『해체신서』의 해부도

이크를 걸었다. 겐파쿠는 아쉬운 부분은 후학들에게 맡기고 일단은 출판하자고, 료타쿠를 설득하는 한편 서문을 부탁하였다.

료타쿠는 서문을 써주기는커녕 책의 저자 리스트에 자신의 이름을 아예 올리지도 말라고 못을 박았다. 그래서 겐파쿠는 당대 네덜란드어 통역의 최고봉이자 자신과 료타쿠의 네덜란드어 스승이기도 한 요시오 고규(吉雄耕牛, 1724~1800)에게 서문을 간청하였다. 요시오 고규는 흔쾌히 수락하고, 그는 서문에 "료타쿠와 겐파쿠 두 사람이 각고면려하여 번역한 원고를 읽으니 감격하여 눈물이 절로 나온다."고 적었다. 현재 나가사키 경찰본부 부근에 〈요시오 고규 집터〉라는 기념비가 그의 명성의 일단을 후세에 전해 주고 있다.

1774년 8월, 『타헤르·아나토미아』의 네덜란드어 원서가 『해체신서(解體新書)』라는 서명으로 출판되었다. 일본 최초의 서양의학서 『해체신서』에는 물론 약간의 오류와 오역이 있다. 재미있는 것은 겐파쿠가 『해부도보』의 저자 아담 쿨무즈를 독일인이 아니라 네덜란드인으로 착각하고 있었던 것이다. 인명사전이나 난일사전(蘭日辭典)도 없던 시대 상황을 감안하면 이 같은 착각이나 오역은 흔하다고 하겠다. 최초의 네덜란드어-일본어 사전 『하루마와게(波留痲和解)』 27권이 간행된 것은 『해체신서』가 간행되고 나서 무려 22년이 지난 후인 1796년이었다.

겐파쿠는 큰일을 행함에 있어 사소한 일이나 결점 따위에 구애받지 않은 성격이었다. 그렇기 때문에 3년 반이라는 단기간 내에 번역을 그런대로 마무리할 수 있었다. 『해체신서』의 출현으로 서양의학의 실험적 실증성의 인식이 퍼지게 되었으며, 나아가 네덜란드어 책의 번역이 활발하게 되었다. 『해체신서』에는 '스기타 겐파쿠 역(譯), 나카가와 준안 교(校)'로만 되어 있을 뿐 실질적으로 번역을 주도한 마에노 료타쿠의 이름은 보이지 않는다. 완벽주의자 료타쿠의 고집으로 스기타 겐파쿠가 '난학의 창시자'라는 이름을 차지하게 되었다. 한편 '신경' '연골' '동맥' '처녀막' 등은 한의학서에 등장하지 않은 단어로서 료타쿠 등이 만들어 낸 조어로서 오늘까지 생명력을 이어가고 있다.

겐파쿠는 1789년에 네덜란드어 학당 '덴신로(天眞樓)'를 열어 104명의 제자들을 양성했다고 스스로 기록하고 있다. 그의 대표적인 문하생으로는 오쓰키 겐타쿠(大槻玄澤, 1757~1827)를 들 수 있다. 그는 1778년 스기타 겐파쿠와 마에노 료타쿠 두 사람을 스승으로 모시고 난학을 배웠다. 존경하는 마음에서 스승들의 이름자에서 각각 한 자씩 취하여 이름을 겐타쿠로 개명하였다.

오쓰기 겐다쿠는 3백여 권의 저서를 남겼다. 그는 『해체신서』의 오탈자 등을 20년간에 걸쳐 바로잡고, 각주도 번역하여 타계 1년 전인 1826년에 『중정해체신서(重訂解體新書)』 14권을 간행한 저력을 보였다. 그는 『타헤르·아나토미아』의 각주에 나오는 유럽 의학의 아버지로 불리는 히포크라테스의 환자의 생명과 인격을 존중하는 태도를 높이 평가하였다.

스기타 겐파쿠는 말년에 회고록 『난동사시(蘭東事始)』를 집필하였다. 그는 회고록에서 난학과 의학을 평생의 업으로 삼고 살아온 자신의 인생에 대해, 특히 서너 명으로 시작한 난학이 자신의 생존 중에 급성장한 데 대해 만족감을 표했다. 그는 의사로서는 드물게

73세 때 쇼군 도쿠가와 이에나리를 배알하는 영광을 누렸다. 1817년 4월 85세로 영면하였다.

겐파쿠의 회고록 『난동사시』는 수기 형식의 한정본으로 극히 일부의 식자들에게만 알려졌을 뿐이었다. 1860년대 말에 계몽적 관료학자인 간다 다카히라(神田孝平)가 우연히 헌책방에서 발견한 『난동사시』를 후쿠자와 유키치(福澤諭吉, 1835~1901)가 읽고 감명을 받아 1869년에 『화란사시(和蘭事始)』라는 제목으로 간행하였다. 후쿠자와 유키치는 1890년에 다시 『화란사시』를 근대적 풍취가 풍기는 『난학사시(蘭學事始)』(난학의 시초라는 의미)로 개칭하여 1890년에 간행하여 '난학'이라는 어휘가 일반적으로 사용되기에 이르렀다.

『난학사시』가 출판되기 이전까지는 『해체신서』 번역 과정에서의 마에노 료타쿠가 수행한 주도적 역할은 사장되어 있었다. 마에노 료타쿠의 고향 나카쓰 출신의 후쿠자와 유키치가 향리의 대선배인 료타쿠의 숨은 공을 발굴하여 세상에 널리 알렸다. 료타쿠는 당대 일류의 난학자였으나 저술을 남기지 않은 괴짜였는데 다행히 후배를 잘 두어서 후세에 빛을 보게 되었다.

문명개화의 등촉, 외국어 사전 간행

1590년 7월, 예수회 알레산드로 발리냐노 선교사가 일본의 소년 사절단을 인솔하여 유럽 순방을 마치고 귀국할 때 유럽식 활판인쇄기를 들여왔다. 인쇄기의 반입으로 1590년부터 1614년까지 약 20년간에 걸쳐 나가사키, 교토 등지에서 간행된 책을 '기리시탄판'이라고 한다. 기리시탄판은 약 30종, 75책에 달하며 대부분 종교 관계 서적이나 그중에는 『일본대문전(日本大文典)』, 『일포사서(日葡辭書)』(일본어·포르투갈어 사전) 등의 어학서와 유럽의 우화집 『이솝이야기』 등도 포함되어 있다.

기리시탄판의 대표적인 어학 사전으로는 1603년 나가사키 콜레지오(고등신학원)에서 간행된 『일포사서』를 들 수 있다. 『일포사서』는 그리스도교 포교를 위해 일본에 온 선교사와 사제들의 일본어 학습을 위한 초본적인 사전이다. 이 사전에는 약 3만 개의 일본어 표제어가 포르투갈식의 로마자로 알파벳 순서에 따라 배열되어 있다.

『일포사서』가 간행된 1603년은 도쿠가와 이에야스가 정이대장군에 오른 해로서 일본 역사상 중세로부터 근세로 넘어가는 대변동기였다. 『일포사서』는 중세 말부터 근세 초엽의 일본어 특히 일상어를 알 수 있는 귀중한 자료이다. 『일포사서』의 스페인어 번역본 『일서사서(日西辭書)』가 1630년, 프랑스어 번역본 『일불사서(日佛辭書)』가 1689년에 각각 발간되었다.

『일포사서』가 간행된 이듬해인 1604년에 예수회 주앙 로드리게스 선교사가 인쇄를 개시하여 1608년 나가사키에서 일본어 문법에 관한 『일본대문전(日本大文典)』을 간행했다. 또한 1620년에는 마카오에서 초심자를 위한 입문서 『일본어소문전』을 간행했다. 1600년대 초에 나가사키에서 간행된 『일포사서』와 『일본대문전』은 일본어를 객관적으로 파악하려는 획기적인 시도였으며, 일본을 유럽에 널리 알리는 역할도 하였다.

로드리게스는 특이한 경력의 선교사였다. 그는 1561년 무렵 포르투갈에서 태어나 어려서 부모를 여의고 예수회가 운영하는 고아원에서 성장했다. 그 후 인도의 고아원을 거쳐 열여섯 살 무렵 일본의 규슈에 도착하여 잡일을 하며 일본어를 익혔고 서른세 살의 늦은 나이에 예수회의 사제가 되었다. 그의 일본어 실력은 도요토미 히데요시, 도쿠가와 이에야스의 통역을 전담할 정도로 출중했다. 조선과도 인연이 깊다면 깊다. 로드리게스는 1631년 중국의 산둥성 등저우에서 명나라에 파견된 진위사 정두원을 만나 국왕에게 바치는 예물이라며 천리경, 자명종, 『직방외기』 등을 건네주었다. 『인조실록』에 육약한(陸若漢)으로 기록되어 있는 인물이 바로 로드리게스이다.

1639년 막부에 의해 포르투갈선 내항 금지 조치가 취해지자 유럽 국가 중 네덜란드가 일본 무역을 독점하게 되었고, 네덜란드어가 중심 외국어로 부상했다. 나가사키에서 통역과 세관 업무를 겸임한 네덜란드어 통사가 막부 말까지 140여 명 배출되었다. 그러나 기이하게도 당시에는 네덜란드어 사전이 단 한 권도 없었다.

평소 사전의 필요성을 절감하고 있던 이나무라 산파쿠(稲村三伯, 1758~1811)가 동료 통사들과 같이 네덜란드-일본어 사전 편찬 작업에 나섰다. 네덜란드 출판업자 프랑수와 할마(F. Halma)의 네덜란드-프랑스어 사전 『난불사서(蘭佛辭書)』를 바탕으로 하여 1796년 약 6만 4천 개의 표제어, 전 13권에 달하는 『하루마 와게(ハルマ和解)』를 완성하여 1798년부터 1799년에 걸쳐 간행했다. 일본 최초의 난일사전이 탄생한 것이다. '하루마'는 할마의 일본식 발음이며,

'와게'는 '일본어 풀이'라는 의미이다. 따라서 '하루마 와게'는 '할마의 사전을 일본어로 풀이한 것'이 된다. 후에 나가사키에서 간행된 하루마 사전과 구별하기 위해 '에도 하루마'로 부르기도 한다.

『하루마 와게』가 간행된 3년 후인 1799년에 데지마 상관에 헨드릭 두프(Hendrik Doeff)라는 네덜란드인이 서기로 부임했다. 그는 4년 후 1803년 상관장으로 승진하여 1817년 귀국할 때까지 장장 18년간이나 데지마에 체재해야 했다. 일반적으로 상관장의 임기는 밀수와 포교 활동을 방지하기 위해 막부가 1년마다 교체토록 했었다. 당시 네덜란드는 1810년부터 1814년까지 프랑스의 지배하에 있었으며, 영국과도 교전 상태에 있었다. 1809년부터 약 8년간은 네덜란드 배가 나가사키에 입항하지 않아 데지마 상관원들은 나가사키 부교의 지원으로 겨우 버티고 있었다.

노는 입에 염불한다고, 두프는 부교의 승인을 받아 우수한 통역사 11명을 선발하여 네덜란드어-일본어 대역사전 편찬 작업을 시작했다. 사전의 편찬 방식은 『하루마 와게』와 마찬가지로 할마의 『난불사서』를 기초로 하여 프랑스어 부분을 무시하고 일본어 대역을 붙이는 것이다. A부터 T 항목까지 번역이 순조롭게 진척되고 있던 1817년 두프는 국제 정세 변화로 갑자기 귀국하게 되었다. 나가사키 통사들이 이를 이어받아 16년간 각고의 노력 끝에 1833년에야 편찬을 끝낼 수 있었다. 약 5만 개의 표제어와 약 2만 개의 예문, 전 58권, 3천 쪽의 방대한 책자였다. 『두프 하루마(Doeff-Halma Dictionary)』 또는 『나가사키 하루마』로 불리는 사서의 필사본 33부를 만들어 이 중 몇 부를 막부에 헌상하였다.

막부는 서양에 관한 정보의 유포를 우려하여 『두프 하루마』의 출판을 좀처럼 허가하지 않았다. 이에 막부의 의관(醫官) 가쓰라가와 호슈(桂川甫周) 등이 이 사전은 서양의 지식과 기술 도입에 필요한 책이라고 막부의 실력자들을 설득하고 출판 허가를 요망했으나 요지부동이었다. 『두프 하루마』가 간행된 지 20년이 경과한 1853년 미국 페리 제독의 포함외교에 혼쭐이 나고서야 막부는 1854년에 이르러 이윽고 출판을 허가했다. 가쓰라가와가 『두프 하루마』를 수정, 보완하여 1858년 『화란자휘(和蘭字彙)』라는 제목으로 간행하여 전국에 널리 유포시켰다.

『두프 하루마』에 얽힌 에피소드 하나. 막부 말 사이고 다카모리(西鄕隆盛)와 교섭하여 에도 무혈입성을 성사시킨 가쓰 가이슈(勝海舟)가 25세의 가난한 청년 시절, 1년에 10냥(약 120만 엔)을 주고 『두프 하루마』를 빌려서 1년에 걸쳐 『두프 하루마』 2부를 사본으로 만들었다. 그는 한 권은 보관하고 나머지 한 권은 30냥을 받고 처분하여 생활비로 사용했다고 한다. 일반인들은 좀처럼 손에 넣기 어려운 귀중본이었다는 이야기이다. 현재 『두프 하루마』의 필사본은 나가사키 역사문화박물관, 교토 외국어대학 등에 보관되어 있다.

일본인이 본격적으로 영어를 배우게 된 계기는 1808년의 '페이튼호 사건' 발생이었다. 그 무렵 네덜란드는 왕국으로서 나폴레옹의 동생 루이 국왕의 치하에 있었다. 이 와중에 영국 군함 페이튼호가 나가사키항에 침입하여 데지마의 네덜란드 상관원 2명을 납치한 사건이 일어났다. 막부는 이 사건을 통해 영어의 필요성을 절감하여 나가사키의 네덜란드어 통역들에게 영어를 배울 것을 명했다.

이에 따라 '페이튼호 사건' 이듬해, 1809년부터 모토키 쇼에이(本木正榮)는 동료 네덜란드어 통사들과 함께 데지마 상관의 창고관리인 블롬호프(J.C. Blomhof)에게 영어를 배우기 시작했다. 블롬호프는 네덜란드인이지만 영국 육군에 입대하여 6년 남짓 복무한 경험이 있으며, 1817년 말에 상관장으로 출세했다.

모토키 등의 통사들은 영어를 배우는 한편 또한 막부의 지시로 블롬호프의 지도하에 영어 사서 편찬 작업도 진행했다. 그 결과 1811년에 편찬을 시작한 지 3년 만에 일본 최초의 영일사전 『안게리아어림대성(諳厄利亞語林大成)』을 1814년에 완성했다. 이 사서에는 약 6천 개의 단어가 수록되어 있으며, 발음은 가타카나로 표기되어 있다. 예를 들어 보면 'library: 서방(書房)', 'saturday: 토요일(土曜日)', 'school: 서숙(書塾)' 등이다. 2백 년 전에 saturday를 토요일로 번역한 것이 놀랍다. 그러나 이 사서는 사전이라기보다 단어집 수준인데다 막부의 정책으로 널리 활용되지는 못하였다.

본격적인 영일사전의 출현은 개국을 기다려야 했다. 페리 내항으로 일본이 개국한 수년 후인 1862년에 영일사전 『영화대역수진사서(英和對譯袖珍辭書)』가 양서조소(洋書調所)에서 출판되었다. 어휘수가 3만 단어에 이르고, 내용이 충실한 사전으로 영어 부분을 네덜란드에서 수입한 아연 활자로 인쇄했다. 이 사서 편찬의 중심인물은 1853년 페리가 일본에 왔을 때, 함대에 다가가 영어로 "I can speak Dutch."라고 말을 건넨 나가사키의 네덜란드어 통사 호리 다쓰노스케(掘達之助)였다.

일본 근대화의 계몽기에 영일사서를 비롯한 외국어 사전 간행은 난학을 바탕으로 한 네덜란드어 통사들의 다년간에 걸친 피땀 어린 노력의 결정체이다. 사전 편찬의 집념은 현대에도 이어졌다. 1960년 모로하시 데쓰지(諸橋轍次)가 32년간에 걸쳐 혼신의 힘을 쏟아 간행한 중일사전『대한화사전(大漢和辭典)』은 중국의『강희자전(康熙字典)』의 자수보다 많은 약 5만 자, 1만 4,873쪽, 전 13권에 달하는 그야말로 역작이다. 한자의 종주국인 중국이 대량 수입하여 이를 바탕으로 새로운 사전을 편집, 간행했다. 일본인의 사전 편찬 집념과 노력은 금메달감이라고 하지 않을 수 없다.

남만요리 카스텔라·덴푸라

스페인·포르투갈의 선교사들이 16세기 말 나가사키에 도래하여 전해준 남만 과자 카스텔라는 4백 년의 세월을 거쳐 나가사키 특산품의 간판 메뉴로 자리 잡았다. 일본에서는 스페인과 포르투갈 사람을 난반진(南蠻人), 네덜란드 사람은 붉은 머리털의 사람 즉 고모진(紅毛人)이라 불렀다. 그러나 남만 요리라고 하면 스페인, 포르투갈, 네덜란드 등의 요리를 포괄적으로 지칭하고 있다.

카스텔라가 처음 전해졌을 무렵에는 천황이나 쇼군 등에 대한 진상품으로 사용되었다. 1592년 무라야마 도안(村山等安)이라는 사람이 임진전쟁 때 사가(佐賀)의 나고야성(名護屋城)에 머물고 있던 도요토미 히데요시에게 카스텔라를 '헌상'했다는 기록이 있다. 히데요시는 카스텔라 맛을 보고 좋았던지 포르투갈 요리사를 오사카성으로 데려가 카스텔라를 만들게 했다고 한다.

또한 1626년 고미즈노오(後水尾) 천황이 이에미쓰(家光) 쇼군이 있는 교토의 니조성(二條城)으로 행차하였을 때의 향응 메뉴에 카스텔라가 포함되어 있다. 그뿐만 아니라 1636년 일본을 방문한 조선통신사가 에도에 체류하였을 때, 카스텔라를 50근 준비했다는 기록이 남아있다. 조선통신사가 국빈급의 대우를 받았다는 것을 보여준 일례라 하겠다.

촉촉한 빵과 감칠맛 나는 달콤함은 사람들을 매료시켰다. 밀가루에 계란, 설탕을 혼합하여 만든 카스텔라는 선물로 사용하거나 특별한 날에만 맛볼 수 있는 별식이었다. 그러다 에도 시대 중엽에 이르러 카스텔라가 널리 보급되어 서민들도 즐길 수 있게 되자 설탕 수입이 비약적으로 증가하였다. 예를 들면 1759년에 약 2천 톤의 설탕을 수입했다고 하는데 이는 현재의 약 24억 엔에 상당하는 금액이다.

설탕은 배의 균형을 잡아주는 저울추의 역할도 하는 아주 귀중한 수입품이자 중요한 환금 수단이었다. '하얀 황금'으로 불렸던 설탕은 실제 가격의 10배 이상으로 거래되었다. 따라서 마루야마의 유녀들이 화대로 현금보다 설탕을 선호하던 때도 있었다. 데지마 상관장 두프가 1817년 임기를 마치고 귀국할 때, 마루야마 유녀와의 사이에서 태어난 7세의 외아들의 양육비로 백설탕 3백 바구니(60~90톤)를 나가사키 부교에게 맡기고 출국하였다. 현재의 금액으로 환산하면 6천만 엔에서 9천만 엔에 달하는 고액인데, 안타깝게도 소년은 17세에 병사하고 말았다.

카스텔라의 종가인 포르투갈에는 '카스텔라'라는 이름의 과자가 없으며 일본의 카스텔라의 원형이라고 보이는 '팡 드 로(pão de ló)'는 모양이나 제조 방법이 다르다고 한다. 일본인들이 나가사키에서 포르투갈인으로부터 과자를 선물 받아 맛을 본 후 과자의 이름을 묻자 '카스텔라 지방의 팡'(pão de Castella)이라고 대답했는데, '카스텔라'로 들었다는 것이다. 포르투갈 사람들이 맛을 보여준 과자는 16세기 스페인의 카스텔라 지방에서 유래한 빵이었던 모양이다. 우리말의 빵의 어원이 바로 팡이다. 밀가루, 설탕, 계란을 원료로 한 카스텔라는 오븐이 없던 당시의 일본에서는 만들기 쉽지 않은 먹거리였지만, 나가사키의 직인들이 많은 궁리를 거듭한 결과 카스텔라 본고장의 맛을 능가하는 일본화된 과자를 만들게 되었다.

카스텔라 만들기를 좋아하는 쇼군이 있었다. 제13대 쇼군 도쿠가와 이에사다(德川家定, 재위 1853~1858)는 어렸을 때부터 병약했고 걸핏하면 얼굴이 일그러지면서 성을 내는 타입이었다. 무술이나 사냥에는 관심이 없고 주방에서 요리하거나 과자 만들기를 즐겼다. 그는 카스텔라를 직접 만들어 가신들로 하여금 시식하도록 하여 곤혹스럽게 하였다. 그러나 맛은 그런대로 먹을 만했다고 한다. 주위에서 쇼군과는 어울리지 않다고 간언했으나 그는 전혀 아랑곳하지 않더니 35세의 젊은 나이에 후사도 없이 훌쩍 저세상으로 가버리고 말았다. 병사와 독살설이 엇갈리고 있다.

일본에서 카스텔라의 원조는 나가사키, 그런데 나가사키의 이곳저곳에는 카스텔라 원조라는 간판을 내건 제과점이 제법 눈에 많이 띈다. 그중에서도 1900년에 창업한 분메이도(文明堂)의 본점이 건

후쿠사야(福砂屋)

물도 고풍스럽고 맛도 좋은 것으로 소문나 있고 카스텔라 원조라고 여기는 사람들이 많다. 사실은 1624년에 개업한 후쿠사야(福砂屋)가 나가사키 카스텔라의 원조이다. 4백 년의 역사를 지닌 제과점으로 포르투갈인으로부터 전수받은 제조법을 지금도 고수하고 있다니 놀라운 일이다. 연중무휴로 영업을 하고 있다.

일본에는 시니세(老鋪)로 불리는, 대대로 전해 내려오는 오래된 가게가 적잖게 있다. 2016년 3월 기준으로 1백 년 이상 된 가게나 점포가 2만 2천 개나 된다고 보도되었다. 세계에서 가장 오래된 기업은 일본의 오사카에서 578년에 설립된 곤고구미(金剛組)로 알려져 있다. 곤고구미가 1,400년 이상이나 존속해온 요인은 '후계자는 실력주의에 따라 결정한다'는 가훈 때문이라고 한다.

후쿠사야의 창업은 1937년 나가사키시의 간행물 『나가사키 안내』에 의하면 "315년 전인 관영 원년(1624)에 포르투갈인으로부터 카스텔라 제조법을 전수받았다. 그 원명은 카스토루보루라고 한다. '카스토루'란 스페인의 주 이름이고 '보루'는 과자를 의미한다." 고 되어 있다. 후쿠사야의 박쥐 모양의 상표가 인상적인데, 아마도 그것은 설탕의 주요 수입원이었던 중국의 영향이 아닌가 한다. 왜냐하면 중국인들은 박쥐(蝙蝠, bianfu)의 '蝠(박쥐 복)' 발음과 '福(복 복)'의 발음이 'fu'로 같기 때문에 박쥐를 길조로 여긴다.

카스텔라 이외에 일본화된 대표적인 남만 요리로 덴푸라(天麩羅)를 들 수 있다. 일본 튀김요리의 대표라고 할 수 있는 덴푸라는 네덜란드인과 포르투갈인이 16세기에 나가사키에 입항하면서부터 비롯된 남만 요리의 일종이다. 그 이전에는 일본에는 튀겨서 먹는 습관이 없었다. 덴푸라의 어원은 포르투갈어의 식용유 등을 사용하여 튀겨 조리한다는 템페라르(temperar)설, 스페인어의 육식을 금하고 어육의 튀김요리를 먹는다는 '천상의 날'설 그 밖에 중국에서 왔다는 등등 설이 분분하다.

이 중 가장 설득력이 있어 보이는 것은 종교적 가금류 금식과 관련된 설이다. 가톨릭 신자들은 사순절 때 부활절을 앞두고 단식·절식을 하거나 육식을 금하는 관습을 지켰다. 따라서 사순절의 식사는 포르투갈인들은 육식을 삼가고 생선 프라이를 먹었다. 이들이 생선튀김을 '콰르투 템포라스(quarto temporas)'라고 한 것을 듣고 일본인들이 튀김을 덴푸라라고 불렀다는 것이다. 데지마를 출입하던 일본인들이 흉내 내어 만든 튀김 요리가 세월과 더불어 데지마로부터 교토를 거쳐 에도에 전해지게 되어 '덴푸라'라는 이름으로

굳어졌다.

한편 기름에 튀기는 덴푸라는 영국의 피쉬 앤 칩스나 미국의 프라이드치킨 등과 마찬가지로 가볍게 먹을 수 있는 저렴하면서도 만족할 수 있는 먹거리였기 때문에, 도쿄와 오사카 지역의 모든 서민들에게 사랑을 받았다. 영국의 피쉬 앤 칩스의 생선은 한정되어 있었지만 일본의 덴푸라는 바다에서 잡히는 생선이라면 모두 덴푸라의 재료가 될 수 있어 그 종류가 매우 많았다. 포장마차에서 보리새우·전어·오징어 등의 생선을 꼬치에 끼워 금방 튀겨낸 것을 꼬치

하나에 1몬(약 2백 원)에 팔았다. 싸고 맛있는 먹거리였다. 에도에 처음 포장마차가 등장했을 때가 1770년대라는 기록이 있다.

요즘에는 메밀국수 집에서 덴푸라 주재료의 이름에 덴(天)을 붙인 새우덴 등의 메뉴도 볼 수 있는 한편 고급화된 덴푸라를 전문으로 하는 레스토랑도 있다. 덴푸라는 재료도 다양해지고 튀기는 기술이 점점 세련되어져 대표적인 일본 요리의 하나로 자리매김하였으며 마침내는 한국과 중국에도 전해지게 되었다.

에도 시대의 포장마차.
구와가타 게이사이(鍬形蕙斎)의 1806년 작(부분, 도쿄국립박물관 소장)

2부

근대화의 디딤돌, 나가사키

하멜 일행,
나가사키로 탈출

애덤스와 요스텐이 일본에 표착한 지 53년 후인 1653년에 네덜란드인 헨드릭 하멜(Hendrik Hamel, 1630~1690) 일행이 조선에 표착하였다. 그들이 탄 네덜란드 동인도회사의 스페르베르(Sperwer; 참매)호는 타이완(포르모사)을 떠나 나가사키로 향하던 중 태풍을 만났다. 닷새 동안의 악전고투 끝에 8월 16일 밤 켈파르트(제주도)에 표착하였다. 선원 64명 중에서 간신히 살아남은 36명만이 지친 몸을 이끌고 해안으로 올라왔다. 찢어진 돛의 천 조각을 주워다가 비를 피할 천막을 만들고 먹을 것을 그 안에 넣었다.

이튿날 아침에 그들은 섬 주민들의 신고로 체포되었다. 그들은 동쪽을 가리키며 '낭가사키'라고 외쳤다. 현감이 그들의 외치는 소리를 듣고 '郎可朔其(낭가삭기)'라고 표기했다. '낭가사키'는 네덜란드 상관이 있는 나가사키를 가리키는 것이다. 이들은 도주 예방용의 방울을 목에 달고 제주 목사 이원진에게 끌려갔다. 목사는 그들을 따뜻하게 대하는 한편 이들의 표착을 조정에 보고하고 지시를 기다렸다.

10월 29일, 하멜 일행이 목사 앞으로 다시 끌려 나갔는데 그의 옆에는 분명히 서양 사람인 듯한 붉은 수염의 사나이가 있었다. 박연으로 불렸던 네덜란드인 얀 얀스 벨테브레(Jan Janse Weltevree)였다. 그는 떠듬떠듬 네덜란드어로 말을 하는 것이 아닌가! 1627년에 일본으로 가던 중 물을 구하러 육지에 올라왔다가 잡혀 그대로 조선에 눌러앉게 되었다. 그는 58세로 모국어를 거의 잊은 상태였다. 그들은 가까스로 의사를 소통할 수 있었다. 난파 선원이라는 딱한 신세로 머나먼 이국땅에서 동포를 만난 기쁨도 잠시뿐, 날개가 없는 한 이 나라에서 탈주할 꿈을 접으라는 말을 듣고 깊은 절망에 빠졌다. 하지만 하멜 일행은 귀국을 포기할 수는 없었다.

1654년 여름에 한성으로 압송된 일행은 박연의 통역으로 효종을 알현하였다. 이들은 국왕에게 본국으로 돌아갈 수 있도록 자비를 베풀어 주십사 손짓발짓으로 읍소했지만 모두가 허사였다. 그들은 어전에서 서양의 기이한 춤과 노래를 보여주고, 선물 보따리를 받는 것으로 만족해야 했다. 국왕은 이 색목인들을 노리갯감 이상으로 생각하지 않았다. 그들은 훈련도감에 배속되어 박연의 지휘하에 조선식 군사 훈련을 받기도 하고, 국왕 행차시 의장대 역할도 하였다. 또한 고관대작의 집에 불려가 광대처럼 춤을 추고 괴성 같은 노래를 들려주고 약간의 선물을 받았다.

생존한 36명의 승무원 중 일부는 병사하고 하멜 등 16명은 그 후 13년간 조선에 억류되었다. 이들은 망향의 꿈을 가슴 깊이 숨기고 귀국하는 데 필요한 지식과 정보 수집에 혈안이 되었다. 조선 사정에 어느 정도 익숙해지자 이들은 조선을 방문하는 청국 사신에게 직소하는 것이 상책이라고 생각하고 기회를 노렸다.

관가에서는 중국의 사신이 올 때면 서양인이 체류하고 있다는 사실을 감추려고 하멜 일행을 남한산성에 감금하거나 시내의 중국인 집에 가두었다. 1655년 3월 청국 사신 일행이 입경하여 홍제동 숲 부근을 지날 때 두 사람이 불쑥 나타나 조선옷을 벗어던지고 속에 겹쳐 입은 네덜란드 복장을 보이며, 칙사의 말고삐에 매달렸다. 중국 사신은 알았다는 듯이 고개를 끄덕거렸지만 그 후 달라진 것은 없었다. 조정에서 사신에게 뇌물을 써서 없던 일로 했기 때문이다.

조정에서는 사건의 재발 방지를 위해 이들을 1656년 2월 수도에서 멀리 떨어진 전라도 강진으로, 후에는 순천과 남원으로 분산하여 격리시켰다. 처음에는 식량과 피복을 관아에서 지급했으나 기근이 발생하자 이러한 배급은 자연히 끊겨 그들은 구걸로 연명해야 했다. 제대로 먹지도 입지도 못하면서도 네덜란드인의 타고난 절약 정신과 상인 정신을 유감없이 발휘하여 마침내 소형 목선 한 척을 마련하였다.

1666년 9월 4일, 달이 지고 썰물이 시작되는 시각을 택해서 16명 중 사전에 연락이 닿은 하멜을 포함한 여덟 명만 13년 28일 만에 조선을 벗어나 9월 6일 나가사키의 가미고토(上五島)로 탈출하는 데 성공하였다. 세 번의 탈출 시도 끝에 뜻을 이루었다. 그들은 가미고토에서 며칠 머문 뒤 나가사키로 이송되어 나가사키 부교로부터 표류 경위, 억류 생활 등 53개항에 걸쳐 심문을 받은 다음, 나가사키의 데지마 네덜란드 상관에 인계되었다.

상관장은 아직 조선에 여덟 명의 네덜란드인이 남아 있다는 사실을 듣고 이들의 송환 주선을 일본 측에 여러 차례 공식 요청하였다. 우여곡절 끝에 조선 정부는 1668년 7월 병사한 한 명을 제외한 나머지 일곱 명을 전부 송환하였다. 조선에 억류된 지 15년 만에 실로 감격적인 송환이 이루어지게 되었다. 그들은 네덜란드 동인도회사 아시아 본부가 있는 바타비아를 경유하여 귀국하였다.

하멜 일행의 탈출 추정지, 여수시 종포 전경

하멜 도착지, 일본 고토

한편 조선에서는 일본의 네덜란드인 송환 요청을 받고서야 하멜 일행의 국적이 네덜란드라는 것을 처음 알았다. 그전까지는 하멜 일행이 어느 나라 사람인지를 몰라서 만인(蠻人) 또는 남만인이라 불렀다. 그 무렵 일본에서는 네덜란드 통역 20여 명이 활동하고 있었다.

탈출에 성공한 하멜 서기가 자신이 소속된 동인도회사에 14년간 밀린 임금을 청구하기 위해 체류 일지와 조선에 대한 정보를 정리하여 보고서로 제출하였다. 그러나 회사 측은 하멜 일행이 조선을 탈출하여 동인도회사 관할지 나가사키로 들어온 날부터 계산하여 급료를 지불하였다.

하멜의 보고서를 읽어 본 네덜란드 동인도회사의 간부들은 조선과의 무역 가능성을 심도 있게 검토한 것으로 보인다. 그들이 1669년에 새로 건조한 배를 '코레아(Corea)'라고 명명한 것이 이를 뒷받침한다. 그러나 코레아호는 1670년 바타비아에 도착했으나 조선 주변의 해역에 항해한 기록은 없다. 조선의 쇄국 정책과 쓰시마가 조선과의 교역을 독점하고 있는 실상을 타파하기 어렵다고 판단했던 것으로 보인다.

이 보고서가 우리에게 잘 알려진 『하멜 표류기』이다. 이 표류기는 17세기 당시 유럽에서 서양인에 의해 간행된 최초의 조선 소개서라는 점에서 큰 의미가 있다. 비록 분량이 50쪽 정도에 불과하고 내용도 빈약한 것이지만 은둔의 나라에 대한 최초의 기록이라는 유명세 때문에 네덜란드에서 출판사 세 곳에서 거의 동시에 경쟁적으로 출판할 정도로 주목을 끌었다.

하멜은 1670년 귀국하였다. 생애 독신으로 지내던 그는 1692년 타계하여 고향 호루쿰에 안장되었다. 하멜이 격리되어 있던 여수와 호루쿰은 자매도시로 지금도 교류를 이어가고 있다.

표착 서양인에 대한 한국과 일본의 대응 양상은 사뭇 달랐다. 일본은 그들의 기술과 지식을 적극적으로 활용한 데 비해 조선은 그들을 격리시키는 데 급급했을 뿐이었다. 16명의 네덜란드인들이 십 년 이상 조선에 체류하는 동안, 그들로부터 네덜란드어를 익혀 항해술을 배우겠다고 나선 괴짜가 있었더라면, 아니 그러한 괴짜를 받아들일 수 있는 지적인 풍토였다면 조선의 운명은 달라졌을 것이다. 당시 지배계급들이 애오라지 중화 문명 일변도로 치달았기 때문에 서세동점(西勢東漸)의 변혁기에 제대로 대응하지 못했던 것이 아닌가 한다.

일본 근대 의학의 개척자, 필립 지볼트

필립 지볼트(Philp Franz von Siebold, 1796~1866)는 27세 때 1823년 8월, 네덜란드 데지마 상관 의사 겸 자연 조사관으로 부임하였다. 그는 조부 이래 독일 뷔르츠부르크(Wuerzburg)대학 의학부 교수를 지낸 의사 집안 출신이다. 지볼트는 부친과 같은 의학의 길을 걸으면서 동물학, 식물학, 지리학, 민족학을 연구하였다. 대학 졸업 후 병원을 개업했으나 동양에 대한 호기심 때문에 2년 만에 폐업하고 네덜란드 동인도회사 육군에 지원하여 육군병원 외과 소령 즉 군의관으로 임명되어 바타비아 동인도회사에 배치되었다.

지볼트는 1823년 군의관의 자격으로 나가사키에 도착하였다. 그는 군의관 업무 이외에 인문, 사회, 자연과학의 각 방면에 걸쳐 일본을 종합적으로 조사할 임무도 아울러 부여받았다. 동인도회사는 지볼트의 연구를 지원하기 위해 상당한 예산을 배정하였다.

필립 지볼트

데지마 상관의 지볼트의 진료실에는 매주 3회, 서양의학과 과학을 배우고자 하는 네덜란드어 통역 및 의사들이 정기적으로 방문하였다. 일반 일본인들은 데지마 출입이 금지되어 있던 관계로 한정된 사람들만이 들어갈 수 있었다. 지볼트는 이들에게 강의를 하는 동시에 실습을 시켰다. 천연두 예방 접종을 위해 가져온 백신 주사 놓는 법을 시범해 보이고, 백내장 수술 등의 의료 활동으로 단기간 내에 그는 장안에서 화제의 인물이 되었다.

17세기 일본에서 천연두는 공포의 유행병이었다. 1629년과 1661년에는 천연두가 크게 유행하여 수천 명이 사망하였고, 제3대 쇼군 도쿠가와 이에미쓰도 천연두의 후유증으로 흉터 자국이 남아있었다. 1857년부터 5년간 데지마 상관에 근무했던 군의관 폼페(Pompe van Meerdervoort)의 『일본 체재 견문기』에 일본인의 3할 정도가 얼굴에 마맛자국이 있다고 기록되어 있을 정도로 천연두가 일본에서 맹위를 떨쳤기 때문에 천연두 예방접종은 주목을 끌 수밖에 없었다. 당시 두창이라고도 불린 천연두는 20세기에만 약 3억 명이 목숨을 앗아갔지만 세계보건기구 WHO는 1980년 5월 8일 천연두는 지

구상에서 완전히 소멸되었다고 발표하였다.

데지마 상관원들의 외출은 제한되어 있었다. 그러나 지볼트는 나가사키 부교의 특별 허가를 받아 일본인 의사의 자택에 마련된 진료실에서 주 3회, 통역의 도움을 받아 강의와 진료를 행하였다. 명의 지볼트 소문이 퍼지자 문하생들이 몰려들었다. 지볼트는 의료 활동을 하면서도 기발한 방법으로 일본 연구를 진척시켜 나갔다. 문하생들에게 일본에 관한 여러 가지 리포트 과제를 내주었다. 훌륭한 식물 표본을 제작하거나 좋은 논문을 집필한 자에게는 전문서나 현미경 등의 의료 기구를 상으로 주고, 또한 네덜란드어로 작성한 '서양의학 수료증'을 수여하였다. 문하생들은 당시 일본에서 가장 권위 있는 의사 면허 취득을 위해 혼신의 노력을 다했다.

1824년 지볼트는 본격적인 일본 연구를 위해 부교의 허가를 받아 나가사키 교외 나루타키(鳴瀧)에 일본인 명의로 가옥을 구입하여 일본 최초의 외국인 의료 사숙 '나루타키주쿠(鳴瀧塾)'를 개설하였다. 천하의 영재들이 몰려들었다. 나루타키주쿠는 숙소가 딸린 학사와 진료소를 겸한 기관으로 일주일에 한 번 지볼트가 강의와 시술을 하였다. 수강료와 진료비를 받지 않았을 뿐만 아니라 가난한 환자에게는 식사까지도 제공하였다. 나루타키주쿠에서 안과, 산부인과, 외과 등 여러 분야의 의사들과 천문학자 등 150여 명이 배출되었고 근대적 의료 기술과 과학 지식이 나루타키에서 일본 전국으로 퍼져 나갔다.

1826년 2월, 지볼트는 상관장의 에도산푸라고 하는 에도 예방에 수행하게 되었다. 에도 여행은 일본 자료를 수집할 수 있는 절호의 기회였다. 지볼트는 천문학자 다카하시 가게야스(高橋景保)와 면담하여 그에게 러시아 탐험가 쿠루젠 슈텔룬의 『세계일주기』와 동인도회사 소장의 지도 등을 건네주고, 다카하시로부터 이노 다다타카(伊能忠敬, 1745~1818)의 일본 지도와 에조·가라후토(홋카이도·사할린)의 지도를 받았다.

1828년 9월, 지볼트는 5년 남짓한 데지마 근무를 끝마치고 귀국 준비를 했다. 그는 개인 이삿짐을 나가사키항에 정박 중인 네덜란드 배에 실어 놓았다. 하필이면 그날 밤 1만여 명의 사상자가 발생한 폭풍우가 몰아쳐 배가 크게 파손되었다. 수일 후 지볼트의 개인 화물 속에서 반출 금지 품목인 일본 지도 등이 관리들에게 발각되었다. 지볼트는 출국 금지를 당하고 일본 지도를 건네준 다카하시 가게야스는 체포되어 투옥 중에 병사하였다. 이를 역사에서는 '지볼트 사건'이라고 한다. 약 1년간의 조사 끝에 지볼트는 1829년 12월에 국외로 추방되었다.

이 사건으로 몰수된 자료도 있었지만, 이미 다른 선편으로 보낸 자료가 엄청나게 많았다. 지볼트는 1827년 12월 20일 자 동료 교수 앞 서한에서 일본에서 수집한 표본이 6천 점 이상이라고 언급하고 있다. 네덜란드 정부는 지볼트의 자료들을 일괄 구입하여 1838년 파르덴스테크 박물관을 신축하여 보관토록 하였다. 이 박물관은 라이든 국립민속박물관의 기초가 되었다.

지볼트는 자신이 입수한 자료를 활용하여 지볼트의 3대 저작으로 알려진 『일본』·『일본 식물지』·『일본 동물지』를 출간하여 유럽에서 일본 연구가로서의 높은 명성을 누렸다. 문하생들의 논문과

지볼트가 화가를 시켜 그린 '조선인 상인과 선원'의 모습.(『일본』 제5권 '조선')
6인의 복장, 머리 모양, 앉은 자세, 방향 등이 각각 다르도록 인위적으로 손질하여 조선인을 여러 각도로 관찰한 것이다.

식물·동물 표본이 지볼트의 저술에 크게 도움이 되었음은 물론이다. 지볼트의 귀국 후의 반생은 일본 연구가로 활동하였다.

지볼트가 남기고 떠난 모녀의 행로를 더듬어 보자. 지볼트가 데지마에서 의료 활동을 시작한 지 얼마 안 되어 16세의 구스모토 다키라는 아가씨가 진찰을 받으러 왔다. 갸름한 얼굴의 전형적인 일본 미녀 다키에게 한눈에 반한 지볼트는 다키가 데지마를 출입할 수 있도록 소노기(基扇)로 개명시키고, 마루야마 유녀처럼 꾸며 결혼하였다.

둘 사이에 예쁜 딸도 태어나 행복한 나날을 보내던 가정에 불행이 닥쳤다. 지볼트가 반출 금지품 사건에 연루되어 막부로부터 강제 출국 조치를 당하여 소노기와 2년 8개월 된 구스모토 이네를 두고, 1829년 겨울에 혼자 귀국하지 않으면 안 되었다. 지볼트는 모녀를 동반하여 출국하고자 했으나 당국이 이를 불허하였다. 그는 나가사키를 떠나면서 모녀가 먹고살 수 있도록 은 15관을 남기는 자상함을 보였다. 지금 시세로 1억 원 가까이 되는 큰 금액이었다. 귀국 후 몇 번인가 편지가 오갔지만 떠난 사람은 시간이 지날수록 멀어지는 법이다.

소노기는 지볼트가 귀국한 후에 평범한 남자를 만나 결혼하여 살면서 이네의 교육에 유별난 정성을 쏟아 이네를 일본 최초의 여의사로 키워냈다. 푸른 눈, 갈색머리, 오뚝한 콧날의 혼혈아인 이네는 주위의 경멸에 찬 시선에도 아랑곳하지 않고 자신의 아버지처럼 의학의 길에 매진하였다.

이네는 1870년에 도쿄에서 산부인과 의원을 개업하여 의사로서 이름을 떨쳤다. 후쿠자와 유키치의 주선으로 황실의 산부인과 의사로 채용되어 메이지 천황의 측실의 출산을 도왔지만, 산모가 사산을 하고 사흘 후에 사망하였다. 이네가 비약할 수 있는 기회도 사라지고 말았다. 이네는 산부인과 개업의사로 도쿄와 나가사키에서 17년간 활동한 후 만년에는 가족들과 더불어 평온한 삶을 보냈다. 오이네는 77세의 생애를 독신으로 지냈다.

1859년 여름, 63세의 지볼트는 일본을 떠난 지 30년 만에 열세 살의 장남과 함께 일본을 다시 방문하여 꿈에 그리던 모녀와 재회하였다. 그러나 담담한 만남으로 끝났다. 그는 일본 주재 특명 전권공사가 되기 위해 엽관 운동을 했으나 뜻을 이루지 못하고 귀국했다. 그는 1866년 10월 뮌헨에서 70세의 생애를 마쳤다.

큰 뜻을 품은 자들이여,
나가사키로!

18세기 중엽부터 메이지 유신(1868)에 이르기까지 일본 전국으로부터 청운의 꿈을 품은 젊은이들이 너 나 할 것 없이 나가사키의 유학길에 올랐다. 유학(遊學)은 자기 번을 떠나 외지로 나가 자기가 좋아하는 분야를, 존경하는 스승 밑에서 공부하는 것을 이르는 말이다. 『나가사키 유학자 사전』에 의하면 당시 일본 전국으로부터 유학 온 수는 무려 1,052명에 달한다.

도약을 꿈꾸는 젊은이들에게 나가사키 유학은 일종의 통과의례였다. 우리에게도 널리 알려진 가쓰 가이슈, 사이고 다카모리, 기도 다카요시(木戸孝允), 후쿠자와 유키치, 이와사키 야타로(岩崎彌太郎), 사카모토 료마, 다카스기 신사쿠(高杉晋作), 이토 히로부미(伊藤博文) 등이 나가사키에서 세계 속의 일본을 탐색하였다. 나가사키의 공기를 마시지 않으면 지식인 축에 낄 수가 없었다. 물론 나가사키에 유학 와서 뜻을 이루지 못한 부류도 있지만 대부분은 나가사키 유학을 통해 견문한 지식을 활용하여 메이지 유신 이후 일본의 근대화를 추진한 역군으로서 활동하였다.

1840년대 중반 무렵 프랑스, 영국, 미국 등의 이국선이 일본 해안에 빈번하게 출몰하여 세상이 어수선하였다. 21세의 병학자(兵學

者) 요시다 쇼인(吉田松陰, 1830~1859)은 이런 와중에 시골에 틀어박혀 한가하게 책장만 넘기고 있을 수 없다는 생각이 들어 1850년 가을, 나가사키 탐방에 나섰다.

쇼인은 운 좋게도 네덜란드 배 델프트(Delft)호 선상에서 와인과 과자류를 대접받았고 배에 비치된 포와 소총 등의 서양 무기류를 처음으로 구경할 수 있었다. 또한 작은 배 한 척을 빌려 나가사키 경비 상황을 살펴보았으며 중국 통역사들로부터 아편전쟁 전후의 동향도 청취하였다. 그는 또한 그간 읽어 보고 싶었던 장서를 병학자와 난학자들에게 빌려 중요한 대목을 필사하면서 독파하였다.

쇼인은 히라도와 나가사키에서 두 달 남짓 체재하는 동안 국제정세·군사학·정치·경제 등에 관한 1백여 권을 독파하였다고 한다. 요시다에게 있어서는 최초의 집중적이고 본격적인 서양 지식의 습득 과정이었다. 그는 세상을 보는 안목이 높아졌고, 병학 전문가로서 서양의 함대와 무기는 일본의 병학으로서는 상상할 수도 없는 파괴력을 가졌다는 사실을 알게 되었다.

나가사키 유학에서 돌아온 쇼인은 1851년 3월 번주(藩主)를 수행하여 에도로 가서 세상 구경을 할 수 있는 기회를 얻었다. 그는 그때 마침 요코하마에 체류 중인 사쿠마 쇼잔(佐久間象山, 1811~1864)을 찾아가 가르침을 청하였다. 사쿠마 쇼잔은 쇼인보다 20년 정도 연상으로 당대 일본 제1의 병학자이자 양학자였다. 그는 후에 개국론을 주창하여 양이파에 의해 암살당하였다.

쇼인은 사쿠마를 처음 만난 그날의 일기에 '사쿠마 선생은 당대의 호걸로 기개가 높고 견식이 넓으며 학문이 깊어 그에게 견줄 사람이 없다'고 높이 평가하고 그의 가르침을 받을 수 있었던 것을 큰 행운이라고 했다. 사쿠마는 쇼인에게 아편전쟁에서 중국이 영국에 패한 것을 일본은 반면교사로 삼아야 한다고 했다. '적을 알고 나를 알면 백 번 싸워도 위태롭지 않다'는 손자병법의 가르침대로 서양을 알아야 하며, 서양을 알기 위해서는 서책을 읽는 것보다는 그곳에 가보는 것이 가장 효과적인 방법이라고 강조했다. 사쿠마의 가르침이 쇼인의 마음에 와닿았고, 그는 해외 도항을 결심했다.

1853년 10월 러시아 푸차친 제독이 네 척의 함대를 인솔하여 일본의 개국과 통상 관계 등의 모색을 위해 나가사키항에 입항하였다. 이 소문을 들은 쇼인은 사쿠마 선생을 찾아가서 러시아에 밀항하겠다는 뜻을 밝혔다. 사쿠마는 시 한 수를 적어 격려하면서 금 3냥(약 30만 엔)을 노자에 보태라고 주었다. 쇼인은 부랴부랴 나가사키로 갔으나 러시아 사절은 이미 4일 전에 출항해 버린 후였다. 그러나 그는 해외 도항의 꿈을 버리지 않았다.

페리 제독이 일본을 두 번째로 방문한 1854년 3월, 쇼인은 제자와 함께 미국에 밀항키 위해 시모다에 정박 중인 미국 함대에 잠입하려다 갑판원에게 발각되고 말았다. 쇼인은 페리 제독에게 도미 목적을 적은 투이서(投夷書)를 전달하고 미국에 데려다 달라고 간청했으나 허사였다. 결국 그의 미국행은 실패로 끝나고 투옥되었다. 투이서는 현재 미국 예일대학 스털링 기념도서관 고문서부에 보관되어 있다.

쇼인은 출옥 후 1857년 자택 내에 쇼카손주쿠(松下村塾)라는 사숙을 개설하여 신분에 상관없이 능력과 잠재력만을 보고 숙생을 선

요시다 쇼인의 쇼카손주쿠의 현재 모습.

발하였다. 그는 "서양 오랑캐에게 신의를 잃지 않도록 하고, 국력을 길러 취하기 쉬운 조선·만주·중국으로 쳐 올라가야 한다."라고 가르쳤다.

쇼인은 1858년 막부의 구미 5개국과의 조약 조인에 반대하고 양이를 주창하여 투옥되어 1859년 30세의 나이에 참수당하였다. 막부 말 격동기에 30세의 젊은 나이에 극적으로 생을 마친 요시다 쇼인은 지금도 천황제 아래서 살아가는 많은 일본인들의 숭앙을 받고 있다.

쇼가손주쿠의 현대판인 사숙 고쿠시칸이 1917년에 설립되어 현재는 경찰관, 자위관, 소방사를 다수 배출하는 고쿠시칸대학(國士館大學)으로 발전하였다. 고쿠시칸대학은 요시다를 존경하고 숭배하는 색체가 농후한 극우 대학이다. 교가 가사에 '쇼인을 모신 사당에서 절개를 갈고닦아' 하는 내용이 포함되어 있을 정도이다.

쇼카손주쿠(松下村塾)와 한자 표기와 인재 육성이라는 점에서 유사한 마쓰시타정경숙(松下政經塾)을 간단히 소개한다. 마쓰시타정경숙은 파나소닉 창업자 마쓰시타 고노스케(松下幸之助, 1894~1989) 회장이 1979년 사재 70억 엔을 쾌척하여 설립한 인재육성 기관으로 2년 과정과 4년 과정이 있으며 전원 기숙사 생활을 한다. 특이하게도 숙생들에게 연간 300~500만 엔의 연구수당을 지급한다. 창립 이래 268명이 수료했으며, 총리, 외상 등이 배출되었고 2020년 8월 현재 이곳 출신 33명의 국회의원과 지사 2명이 활약하고 있다.

요시다 쇼인의 문하에서는 다카스기 신사쿠, 이토 히로부미, 야마가타 아리토모(山縣有朋), 가쓰라 다로(桂太郎) 등 메이지 시대의 일본 지도자가 다수 배출되었다. 이토 히로부미는 스승 쇼인의 영향으로 서양에 대한 관심을 갖게 되었다.

이토는 쇼인의 나가사키 탐방 8년 후인 1858년 18세 때, 번주의 명령으로 포술과 연병술을 배우기 위해 수개월간 나가사키에 체류하였다. 이토는 그때 네덜란드 출생의 미국인 선교사 페르벡(Guido Verbeck)이 1859년에 개설한 양학소에서 영어를 배운 것으로 보인다.(야마구치 요시히코, 『메이지 유신의 대공로자 토머스 글로버』) 이토는 나가사키에 유학 와서 영어와의 인연을 맺게 된 것이 계기가 되어 영국에 유학하고, 메이지 정부에서 외국과의 관련 업무를 맡으면서 미천한 출신임에도 불구하고 발 빠르게 출세하였다. 그리고 마침내는 1885년 일본의 초대 총리로 비상하였다.

이렇듯 야망을 가진 많은 젊은이들이 몰려들었던 '인재의 산실'

나가사키에서 일본 역사에 이름을 남길만한 지도자가 배출되지 못한 것은 국외자로서 아이러니하게 생각한다.

사무라이 통역의 영광과 좌절

에도 막부는 1800년대에 들어서서 영국, 러시아의 통상 요구를 계속 거부하고 나가사키항을 통한 네덜란드와의 제한적인 무역만을 허용하고 있었다. 그러나 청국이 아편전쟁에서 패하여 1842년 난징조약을 체결하여 홍콩을 영국에 할양하고 상하이와 광둥 등 5개 항을 개방했다는 정보를 접한 막부는 일본으로서도 개국이 불가피하리라고 보고 대책 마련에 부심했다.

한편 미국은 1783년 독립 이후 활발한 서부 개척을 추진하여 1840년대 말에는 영토가 태평양 연안에 이르렀으며, 세계 최대의 포경 국가로 부상하였다. 1846년 통계에 의하면 미국의 출어 포경선 수는 746척, 총톤수는 23만 톤, 조업원 7만 명에 연간 포획 고래는 약 1만 4천 두에 달했다.

미국은 북태평양에서의 포경업과 당시 세계 제1의 경제대국 중국과의 무역 확대를 위해 일본을 개국시켜 중간보급지로서 삼고자 하였다. 이에 미국 밀러드 필모어(Millard Fillmore) 대통령은 1852년 페리 제독을 동인도 함대사령관 겸 미합중국 대통령 특사로 임명하여 일본에 파견했다. 페리 제독은 1853년 7월, 미국 동인도함대의 군함 4척을 이끌고 에도만의 입구에 위치한 우라가(浦賀)에 나타나 대통령의 친서 접수를 요구하였다. 거부할 경우, 군대를 상륙시키겠다고 위협했다. 페리의 엄포에 놀란 막부는 요코스카의 구리하마에 급조한 접대소에서 대통령의 친서와 신임장을 공식으로 접수하였다.

페리 내항 당시 미국의 대통령은 1853년 3월 필모어에서 프랭클린 피어스(Franklin Pierce)로 교체된 상태였다. 따라서 일본 측이 접수한 친서와 신임장은 1851년 5월 10일 자로 작성된 전임 필모어 대통령의 명의로 사실상 휴지 조각이나 다름없는 것이었다. 그러나 페리는 이를 짐짓 모른 체하였으며 일본은 깜깜이었다.

페리 내항 20년 후의 에피소드 한 토막. 이와쿠라 도모미 사절단이 1872년 1월 워싱턴에 도착하여 불평등 조약의 개정을 위한 예비교섭을 시작하려고 하자, 미국은 전권위임장 제시를 요구하였다. 일본 대표단은 자신들이 천황의 신임을 받고 있기 때문에 여기까지 온 것인데 새삼스럽게 전권위임장이 무슨 필요가 있느냐고 반론했다. 먹힐 리가 없었다. 그래서 결국 할 수 없이 오쿠보 도시미치와 이토 히로부미가 일시 귀국하여 정부로부터 전권위임장을 받아 4개월 만에 다시 미국으로 건너와 교섭에 임했으나 뜻을 이루지 못했다. 원칙대로 하자면 페리 제독도 신임 피어스 대통령의 신임장을 제출해야 했지만 미국은 일본의 무지를 교활하게 악용했던 것이다.

다시 본론으로, 결국 에도 막부는 1854년 미국의 포함외교(砲艦外交)에 굴복하여 미일 화친조약을 맺고 2개 항구를 개항하여 최혜국 대우를 인정하였다. 이어 일본은 1858년, 미국의 요구로 통상조약을 맺어 치외법권을 인정하였으며, 수입품에 대한 관세를 자주적으로 정할 수 없게 되었다. 일본은 미국과의 조약 체결에 이어 영국, 러시아, 네덜란드와도 화친조약을 체결하여 나가사키항, 요코하마항, 하코다테항을 개항함으로써 250여 년간 지속시켜온 막부의 쇄국 정책에 종지부를 찍었다.

이와 같은 일본의 개국을 위한 일련의 조약 체결 과정에서 활약했던 대표적인 통역사가 모리야마 에이노스케(森山榮之助, 1820~1871)이다. 그는 네덜란드어 통역을 가업으로 하는 나가사키 통사의 집안에서 태어났다. 일찍부터 부친으로부터 네덜란드어를 공부하여 10세 전후부터는 수습통사로 활약하기 시작할 정도로 어학에 소질이 있었다. 모리야마는 수습통사, 소통사를 거쳐 33세의 나이로 통사의 최고봉인 대통사로 승진했다. 네덜란드어 통사의 급료에 관해 데지마 의사 캠퍼가 남긴 기록을 보면 대통사의 연간 수입이 3천 냥 정도였다. 현재 가격으로 환산하면 약 2억 엔에 상당하니 '억' 하고 놀랄만한 금액이다.

모리야마가 통역으로서 활약을 시작할 무렵, 일본을 둘러싼 국제적 환경은 중국어, 네덜란드어 통역만이 아니라, 영어, 프랑스어 통역도 필요한 상황으로 전개되고 있었다. 특히 미국의 포경선이 식수와 식재를 구하기 위해 빈번히 일본 근해에 출몰한 관계로 영어의 중요성이 커지고 있는 가운데 사건이 터졌다. 1808년 10월 영국 군함 페이튼호가 네덜란드 선박으로 위장하고 나가사키항을 침입하여 데지마 네덜란드 상관원을 납치한 사건이 발생하였다. 이에 자극받은 막부는 네덜란드어 통역사들에게 영어 공부에 박차를 가하도록 했지만 당시 나가사키에는 영어를 가르칠 수 있는 교사가 없었다.

모리야마는 네덜란드 상관원들에게 귀동냥하는 식으로 영어를 조금씩 익혀 어느 정도는 영어로 소통이 가능하게 되었다. 뜻이 있는 곳에 길이 있기 마련인가 보다. 원어민으로부터 영어를 배울 수 있는 기회가 뜻밖에 생겼다.

1848년 9월 중순경, 홋카이도 마쓰마에번(松前藩) 리시리섬(利尻島)에 불법 상륙한 미국인 라날드 맥도날드(Ranald MacDonald)가 나가사키로 호송되어 왔다. 맥도날드는 미국 원주민 추장의 딸과 영국인 회사원 사이에서 태어났으나 모친은 출산 직후 사망하고 양모의 손에서 자랐다. 그는 고등학교를 졸업하고 은행에 취직했으나 인디언 피가 들쑤셨는지 막연하게 동경하고 있던 일본행을 결심하여 사표를 내고 포경선을 탔다. 스물한 살의 청춘이었다. 맥도날드는 1845년 포경선 플리머스(Plymouth)호에 승선하기 전에 별스러운 조건을 제시했다. 포경선이 만선으로 귀항하게 될 경우, 자신을 일본 근해의 섬에 하선시켜 달라는 것이었다.

플리머스호는 일본 근해에서 고래잡이를 하여 마침내 만선이 되었다. 맥도날드는 리시리섬 부근에서 조난을 당한 것으로 가장하고 1848년 7월 2일 상륙하였다. 그는 마쓰마에번의 관리에게 체포되어 나가사키로 이송되었다. 당시 외국인의 표류자나 밀입국자 등은 모두 나가사키로 호송하도록 되어 있었다.

나가사키 부교는 맥도날드를 부교소에서 가까운 소후쿠사(崇福寺)의 암자에 수용하고 모리야마 등 네덜란드어 통역원 14명에게 영어를 가르치도록 했다. 그는 철창을 사이에 두고 네덜란드어 통역원들에게 영어를 가르쳤다. 맥도날드가 영어문장을 읽으면 철창 밖의 통역들이 한 사람씩 순번대로 큰 소리로 따라 읽는다. 맥도날드는 발음을 교정해 주고 단어의 뜻을 영어 반 일본어 반 섞어서 설명을 한다. 도저히 이해가 안 되는 경우에는 모리야마가 철창 안으로 들어가서 네덜란드어-영어 대역사전으로 의미를 확인하여 종이에 적어 받아 와서 이를 다른 통역원들에게 회람시키는 방식이었다.

가르치는 사람이나 배우는 사람 모두의 열의가 대단해서인지 그들의 실력이 단기간 내에 몰라볼 정도로 늘었다. 맥도날드는 후에 『일본 회상기』에서 "그들의 문법 실력은 상당한 수준이었으며, 특히 모리야마는 문법이나 구술 실력이 특출하였다."고 회상했다. 이 기묘한 일본 최초의 영어 수업은 맥도날드가 1849년 3월 미국 군함 프레블(Preble)호 편으로 귀국함으로써 7개월간의 단기 속성 과정으로 끝나고 말았다.

모리야마가 갈고 닦은 영어 실력을 발휘할 좋은 기회가 왔다. 1854년 2월 요코하마에서 미일 화친조약 체결을 위한 교섭에서 네덜란드어와 영어를 구사하는 모리야마가 수석통역으로 참석하였다. 교섭은 영어와 네덜란드어로 진행되었다. 교섭은 중단과 계속을 되풀이한 끝에 1854년 3월 3일에 역사적인 미일 화친조약이 조인되었다. 1854년 10월 막부는 모리야마의 능력을 인정하여 대통사에서 막부의 신하(幕臣)로 발탁하였다. 일개 통역에서 칼을 찰 수 있는 사무라이로 출세하였다.

신분이 달라진 그는 이름을 모리야마 에이노스케에서 모리야마

다키치로(森山多吉郎)로 개명하였다. 미국의 교섭자들은 모리야마를 통역은 물론 조약문도 수정하는 고위 외교관쯤으로 여겼다. "나가사키로부터 온 통역은 발음도 좋고 상당한 수준의 영어를 구사한다."고 『페리 일본 원정기』에 기록되어 있는 인물이 바로 모리야마를 지칭한 것이다.

1856년 8월 해리스(Townsend Harris)가 초대 주일 총영사로 부임하자, 미일 간에 미일 화친조약의 조문 해석의 차이가 불거졌다. 화친조약 제11조에 영사관 설치와 관련 'Either of the two governments deems such arrangements necessary'라고 규정되어 있다. 'Either of the two governments'를 미국은 '일방 당사국이 필요하다'고 판단하면 설치할 수 있다고 해석한 데 대하여, 모리야마는 '양측이 필요하다'고 보는 경우에 설치할 수 있다고 주장하였다. 이에 네덜란드어본을 확인해 보았더니 미국의 주장이 맞는 것이 아닌가! 사무라이 통역의 몰락이 시작된 것이었다.

해석의 차이는 모리야마의 오역 때문으로 보인다. 'Either of the two governments'를 '양국 정부 중 일방'으로 번역해야 하는데 '양국 정부 쌍방'으로 번역했던 것이다. 간단히 말하면 'either 어느 한 편의'와 'both 쌍방의'를 혼동한 것이다. 지금부터 160여 년 전이라는 시차를 고려하면 충분히 있을 수 있는 오역이라고 하겠다. 모리야마는 미일 수호통상조약 체결 교섭시에도 수석통역으로 관여하였다. 다 아는 바와 같이 미일 통상조약은 불평등 조약이었다. 그 때문에 모리야마에 대한 평가가 결코 곱지만은 않았다.

모리야마는 통역원으로 활동하면서 영어를 가르치는 영어학당을 개설하여 후진 양성에도 힘을 기울였다. 후쿠자와 유키치도 단기간이나마 모리야마에게 영어를 배운 적이 있는 것으로 보인다. 모리야마가 너무나 바빠서 영어를 가르칠 시간적 여유가 없어서, 몇 번이나 그를 방문하였으나 허탕을 친 일이 있다고 불평을 늘어놓은 기록이 있다.

메이지 유신의 신정부에서 모리야마는 잊힌 존재가 되었다. 불평등 조약 체결에 대한 부정적 평가가 작용한 측면도 있겠으나 신정부의 주역들이 30대인 상황에서 50세 가까운 그를 중용하기는 어려웠을 것으로 보인다. 모리야마는 메이지 유신 4년째인 1871년 51세의 나이로 조용히 이승을 하직했다.

나가사키 해군 전습소와 에노모토

도쿠가와 막부는 1854년 미일 화친조약을 체결하여 개국을 하고 해상 방위체제 강화를 위해 네덜란드에 2척의 군함 발주를 결정하였다. 따라서 군함을 조종할 수 있는 해군 양성이 급선무로 부상하였다.

막부는 네덜란드의 지원을 받아 1855년 7월에 해군 사관 양성을 위한 교육기관으로 나가사키해군전습소(長崎海軍傳習所)를 개설하였다. '전습'은 서구의 학문, 지식을 전수받아 배우는 것을 뜻한다. 막부는 해군 전습소에 이어 의학 전습소(1857), 영어 전습소(1858)

등을 순차적으로 개설하여 근대화의 기틀을 다져나갔다.

네덜란드 국왕 빌럼 3세(Willem Ⅲ)가 증기선 솜빙호(Soembing)를 도쿠가와 이에사다 쇼군에게 증정하였다. 막부는 일본 최초의 증기선 솜빙호를 관광호로 개명하여 해군 전습소 실습용으로 사용하였다. 제1기 교습생은 사카모토 료마의 스승 가쓰 가이슈 등 일본 전국에서 선발한 120여 명이었다. 교관은 네덜란드 해군 사관 22명으로 충원했다. 1855년 10월부터 항해술, 포술, 측량, 증기기관학 등의 교습이 개시되었다. 강의는 네덜란드어를 일본어로 순차 통역하는 방식으로 진행하였다. 저녁엔 일본인 통역이 복습을 겸하여 그날 배운 것을 다시 자세하게 설명해 주었다.

1856년 4월 제2기 교습생 11명을 선발하여 교육을 실시하게 되는데 1기생의 교육이 항해, 전술에 주안점을 둔 것과는 달리 2기생의 교육은 조선, 기관 과목에 역점을 두었다. 2기생의 선발 인원이 적은 이유는 1기생 중 상당수가 유급했기 때문이었다.

1857년 에도에 쓰키지군함조련소(築地軍艦操練所)가 신설되자, 나가사키해군전습소는 개소 4년 만에 폐쇄되고 말았다. 그러나 전습생의 다수는 메이지 유신 이후 일본 해군의 중추적 역할을 했으며 특히 이들은 교육을 통해 '일본은 하나'라는 국민국가 의식에 눈을 뜨게 되었다.

한편 제2기생 중에 21세의 에노모토 다케아키(榎本武揚)라는 청년이 있었다. 그는 소년시절에 한학을 배웠으나 페리 내항 이후는 서양의 지식과 기술을 동경하여 해군 전습소를 지망했으나 탈락했다. 그는 청강생으로 있다가 2기생으로 늦게 입소하였으나, 누구보

「나가사키 해군 전습소」(20세기 초), (재)나베시마호코카이 소장.

다도 열심히 공부하여 후에 '일본 해군의 아버지'로 칭송되는 인재로 성장하였다.

에노모토는 전습소를 수료한 후 쓰키지군함조련소 교관으로 기용되었다. 또한 1862년 막부가 군함 한 척을 발주하면서 국제법, 기관학, 측량학 분야 등에 10여 명의 유학생을 선발하여 네덜란드에 파견할 때 에노모토도 포함되었다. 그는 일본이 발주한 군함 건조 현황을 체크하는 한편 1865년부터 네덜란드의 명문 레이던대학의 피셀링 교수의 지도하에 국제법을 연구하였다.

조선의 대원군 집정 시기에 30세의 일본인이 네덜란드 명문 대학에서 네덜란드어로 국제법 강의에 열심히 귀를 기울이고 있는 모습, 바로 이 점이 조선과 일본의 근대화의 결정적 차이라고 하겠다. 일본은 실력이 있는 자를 초빙하거나 자질이 있는 젊은이를 해외에 파견하는 등 서구와의 직접적 접촉을 통해 지식과 기술을 수용하였다. 반면 조선의 근대화는 대부분 같은 문화권인 중국과 일본을 매개로 한 간접적 수용으로 인해 그 한계성이 내재되어 있었다.

당시 피셀링 교수는 프랑스 법학자 장 오르톨랑(Jean F.T. Ortolan)의 저서 『해상국제법』(원제: 바다의 국제법규와 외교)을 네덜란드어로 번역한 자필 원고를 가지고 강의하였다. 에노모토는 교수의 자필 원고를 다시 일일이 베껴 『만국해율전서(萬國海律全書)』라는 제명으로 제본하였다. 현직 해군 중령이기도 한 지도교수 피셀링은 "에노모토가 이 책자를 완독하는 데 4백 시간 걸렸다고 했다. 『만국해율전서』는 우리 둘의 공동 작품이며, 일본 국민은 위대한 해군력을 보

우타가와 요시토라(歌川芳虎)의 「하코다테 대전쟁도(箱館大戰爭之圖)」.
왼쪽 첫 번째 백마를 타고 있는 인물이 에노모토이다.

유할 운명이다."라고 높이 평가했다. 에노모토는 이 책을 손에서 놓지 않고 숙독했다. 전쟁터에도 휴대하고 다니며 전략 입안에 활용하였다. 상, 하 2권으로 770쪽의 수제본의 이 책이 후일에 절체절명의 위기에 놓인 에노모토를 구할 줄 어찌 짐작이나 하였겠는가.

에노모토는 유학 중에도 프랑스, 영국을 방문하여 제철소, 병기 공장 등을 시찰하였으며, 1864년에 발발한 덴마크와 프로이센·오스트리아 전쟁(普墺戰爭)에도 무관 자격으로 참관하기도 하였다. 그는 국제법, 경제, 군사학 등 다분야에 걸쳐 지적 호기심과 모험심을 갖고 탐구하는 자세를 견지하여, 메이지 정부에서 체신·문부·외무·농상무의 대신을 역임하게 된다.

1867년 3월 5년간의 네덜란드 유학을 마치고 요코하마에 도착한 그는 친구에게 "모험은 가장 좋은 스승이다."라고 하면서 네덜란드어로 'Onderneming is de beste meesters'라고 적어 주었다고 한다. 에노모토는 귀국하여 막부 해군 부총재(당시 해군의 최고직)에 임명되어 네덜란드에서 배운 기관학과 국제법 지식을 활용하여 일본 해군 육성에 진력하던 중 메이지 유신 정부와 막부 간의 전쟁에 휘말리게 되었다.

1868년 1월부터 1869년 6월에 이르기까지 약 1년 5개월 동안 계속된 이 내란은 전투의 대부분이 무진년(戊辰年)에 행하여졌다고 하여 흔히들 보신 전쟁(戊辰戰爭)이라고 한다. 정부군이 에도를 점령하자 에노모토는 8척의 함대를 이끌고 탈출하여 홋카이도의 하코다테고료카쿠(函館五稜郭)를 점령하여 3천여 명의 병사와 함께 항전을 계속하였다.

그러나 전세가 기울어 항복을 종용받게 되자 에노모토는 적장 구로다 기요타가(黑田淸隆)에게 예의 『만국해율전서』를 증정하면서 '이 책자는 네덜란드 유학 중에 입수한 것으로 일본에 한 부밖에 없으니 전화에 소실되지 않도록 당부'하고 최후까지 싸울 것을 다짐하였다. 죽음을 각오하면서도 병화의 피해를 우려하여 자신이 네덜란드 유학 중에 필사한 국제법 서책을 적장에게 기증한 에노모토의 자세는 당시 일본의 서양 지식, 특히 국제법에 대한 높은 관심을 보여준 좋은 예라 하겠다. 『만국해율전서』는 현재 궁내청 서릉부(書陵部)에 보관되어 있는데 앞장에 '에노모토 가마지로로부터 일본 해군 제독에의 증정물'이라고 적혀 있다. 에노모토 가마지로(榎本釜次郎)는 에노모토 다케아키의 통칭이다.

구로다는 국제법에 대한 에노모토의 식견에 깊은 감명을 받고 당시 일본 제1의 개명 지식인이며 사상가인 후쿠자와 유키치에게 번역을 의뢰하였으나 전문용어가 많아 본인 이외에는 불가능하다는 반응을 보였다. 그 후 에노모토는 구로다의 구명운동으로 3년간의 복역 끝에 특사로 풀려나 1874년 1월 주러시아 초대 특명 전권공사로 발탁되어 6월에 상트페테르부르크에 부임하였다.

에노모토는 러시아에 근무하는 동안 일본인의 러시아에 대한 막연한 공포심의 실체를 파헤쳐서 이를 불식시키려고 부단히 러시아를 연구하고 관찰하였다. 그가 체류한 1874년부터 4년간은 알렉산더 2세의 정책이 반동으로 기운 시기였으며 러시아·터키 전쟁이 발발하는 등 대내외적으로 실로 다난한 시기였다. 에노모토는 1878년 7월 귀국 발령을 받고 시베리아 횡단을 결심하였다.

1878년 7월 26일, 당시 43세의 에노모토는 동판 기술자, 유학생과 함께 시베리아 횡단 길에 올랐다. 그는 기차, 배, 마차를 번갈아 타고 수천 킬로미터를 여행하면서 현지의 풍속, 지세, 광물자원, 군부대 배치 상황을 꼼꼼히 관찰하고 이를 일기에 기록하면서 페테르부르크를 떠난 지 65일 만인 10월 21일에 귀국하였다. 그의 일기는 일본인 특유의 섬세한 필치로 기술된 종합 학술서와 같다는 평가를 받고 있다. 그의 시베리아 횡단 기록이 일본인의 러시아 공포증을 해소하는 데 얼마나 기여했는지는 정확히 평가하기 어렵지만 20년 후, 일본은 러일전쟁에서 승리하게 된다.

여담. 80년간의 단절 끝에 한국 외교관으로는 처음으로 1990년 1월 모스크바 공관 창설 요원으로 부임하였다. 어느 날 일본 대사관을 방문했을 때였다. 대사관 접견실 2층 벽에 역대 특명 전권공사·대사들의 사진 30여 장이 즐비하게 걸려 있다. 다나카 참사관에게 맨 앞의 사진을 가리키며 "에노모토 다케아키지요?" 하자 그는 놀란 눈빛이 되었다. 이어 "에노모토 공사가 러시아의 남진에 대비하여 전략적 거점인 부산을 점거해야 한다고 본부에 건의했었지요." 하고 덧붙였다. 그러자 그는 고개를 절레절레 흔들며 에노모토는 메이지 일본의 '드러나지 않은 초석'이라고 했다.

에노모토는 일본의 조선 외교를 성공적으로 추진하기 위해 러시아에서 냉혹한 권력정치의 감각을 익힌 하나부사 요시모토(花房義質)를 조선으로 전출시킬 것을 건의하였다. 이런 연유로 1876년 10월 조선에 부임한 하나부사는 초대 주한 공사로서 6년간이나 서울에서 근무하면서 인천, 원산 개항 및 임오군란의 뒤처리를 했다.

하나부사의 사진 역시 주러 일본 대사관 접견실 벽에 앞에서부터 세 번째 자리를 차지하고 있다.

'죽음의 상인' 토머스 글로버

토머스 글로버(Thomas B. Glover, 1838~1911)는 막부 말 나가사키를 중심으로 활동한 영국의 무역상으로 일본의 근대화에 크게 공헌한 인물로 평가되고 있다.

글로버는 1838년에 스코틀랜드에서 태어났다. 고등학교를 졸업한 후 해안경비 대장인 부친의 알선으로 자딘 매더슨(Jardine Matheson, JM)사에 취직하여 상하이 지점의 사원으로 근무하게 되었다. 영국 동인도회사 산하의 자딘 매더슨사는 스코틀랜드 출신의 자딘과 매더슨이 1832년 마카오에 설립한 상사로 아편 밀수 등에 관여하여 거부를 축재하였다. 중국명으로는 이화양행(怡和洋行)이며, 현재에도 홍콩을 중심으로 활동하고 있다.

토머스 글로버

글로버는 입사한 지 한 달도 채 안 되어 장부 정리, 선하증권 작성 등의 일상적인 업무에 싫증이 났다. 때마침 JM사의 선배가 어느 날 요코하마와 나가사키에 지점을 개설할 계획이라고 하면서 나가사키에 갈 생각이 있는지를 타진해 왔다. 그는 마르코 폴로의 『동방견문록』에서 읽었던 '황금의 나라' 일본이야말로 자신이 도약할 수 있는 곳이라는 직감이 들어 그 자리에서 일본행을 흔쾌히 수락하였다.

글로버는 영일 통상조약의 발효 직후인 1859년 9월, 21세의 젊은 나이로 JM상회 나가사키 지사에 부임하였다. 부두에서 내려 지점장과 함께 지사 사무실까지 걸어가면서 그는 몇 번이나 '원더풀'을 연발했다. 가옥이나 상점들이 아담하고 청결한 느낌이 들었다. 지점장에게 "나가사키는 깨끗한 도시군요. 오래 근무할 것 같은 생각이 드네요."라고 나가사키 도착 소감을 피력했다. 그는 자기의 예감대로 도쿄로 이주하기 전까지 10여 년간 나가사키에서 살았고 사후에는 나가사키에 묻혔다.

글로버는 시운을 타고난 사람 같다. 그가 나가사키에 부임할 무렵 역사의 수레바퀴는 쇄국에서 개국으로 대전환하는 격동기에 진입하였다. 1858년 미일 수호통상조약 체결에 이어 영국, 프랑스, 네덜란드, 러시아와도 통상조약을 체결하고 나가사키, 하코다테, 효고 등의 5개 항을 개항했다. 또한 1859년 6월 2백여 년에 걸쳐 대일 서구문물의 전달 창구였던 데지마 상관이 폐쇄되어 영사관으로 변신했으며 네덜란드어 대신에 영어가 각광을 받는 시대, 즉 난학의 시대에서 영학(英學)의 시대로 접어들었다.

글로버는 천하대세의 변화를 감지하고 JM사에 2년 만에 사직서를 내고 글로버 상회(Glover Trading Co.)를 설립하였다. 그는 일본으로부터 차(茶)를 수출하는 한편 사쓰마번(薩摩藩), 조슈번(長州藩)의 요청으로 총기류, 화약, 함선류의 수입을 주선하여 엄청난 부를 축적할 수 있었다. 1860년대 중반에 함선 24척, 소총 약 1만 정을 수입하였다.

미국의 무기 제조업체들은 1861년에 시작된 남북전쟁이 오래갈 것으로 예상하고 윈체스터 연발 소총 등의 신무기를 다량으로 제조하였다. 그러나 남북전쟁이 예상보다 빠르게 1865년에 종결됨에 따라 상당한 분량의 총기류가 중국 시장에 나돌았다. 글로버는 JM 상하이 지사를 통해 이들을 대량으로 구입하여 사쓰마번과 조슈번에 상당한 이윤을 붙여 팔아넘겼다. 그 후 글로버에게 '죽음의 상인'이라는 별명이 붙게 되었다.

글로버는 비단 무기만 일본으로 들여온 것이 아니다. 근대화의 기간 설비를 수입하여 이를 일본에 선보였다. 1865년에는 나가사키의 오우라 해안에 일본 최초의 철도를 부설하고 상하이로부터 수입한 증기기관차 1대를 주행시켜 주위를 놀라게 하였다. 그는 또한 일본 최초의 선박 수리소, 일본 최초의 근대적 시설을 구비한 다카시마탄광 개설 지원, 일본 최초의 등대 건설, 일본 최초의 조폐기 수입 등 그야말로 그는 일본 근대의 여명과 같은 존재였다.

글로버는 1863년 조슈 출신의 이토 히로부미, 이노우에 가오루(井上馨) 등 다섯 명의 영국 유학을 막부 모르게 주선하였다. 해외 도항 금지의 국법을 어긴 것이었다. 또한 1865년에는 사쓰마 출신의 데라지마 무네노리(寺島宗則), 모리 아리노리(森有禮) 등 15명의 영국 유학도 도와주었고 도사번(土佐藩) 출신의 사카모토 료마, 이와사키 야타로 등과도 교류하였다. 글로버와 이와사키는 평생의 친구가 되었으며, 사카모토는 글로버를 통해 윈체스터 연발 소총을

총 1,300정 구입하였다.

글로버는 에도 막부가 머지 않아 붕괴될 것으로 직감하고 유신 전야에 반막부적 인물들과 활발히 접촉하고 막후에서 이들을 지원하였다. 1868년 1월 도바·후시미 전투에서 도막파(倒幕派)의 병력 3,500명, 막부군 1만 5천 명이라는 중과부적의 상황에서 사쓰마·조슈를 중심으로 하는 도막파가 막부군을 격파하였다. 도막파가 글로버를 통해 다량으로 구입한 최신식 철포, 소총 등의 화기로 무장하였기 때문이었다.

글로버(오른쪽)와 미쓰비시 그룹 2대 총수인 이와사키 야노스케(岩崎彌之助)

글로버는 도막파에 선박, 무기, 탄약 등을 신용거래로 조달해 주었다. 도막파가 승리하기는 했으나 1년여의 내전으로 인해 재정적 여유가 없어 대금을 받아낼 수가 없어 결국 글로버 상회는 1870년 8월 파산하고 말았다. 그는 나가사키를 떠나 고베를 거쳐 도쿄로 갔다. 메이지 정부의 초대 총리가 된 이토 히로부미는 동료들과 함께 힘을 모아 글로버에게 '도쿄의 강남'이라고 할 수 있는 도쿄의 미나토구에 근사한 저택을 마련해 주었다. 2014년 일본 총무성이 발표한 전국 1,741개 시구정촌(市區町村)의 납세 의무자 1명당 소득 자료에 의하면, 일본에서 연평균 소득이 가장 높은(1,266만 7,019만 엔) 곳이 바로 미나토구이다.

글로버는 파산했지만 일본 정재계의 명사로 대접받았다. 그는 이와사키 야타로가 경영하는 미쓰비시해운 회사의 종신 고문으로 초빙되어 부사장급의 보수를 받으며 여유 있는 생활을 하였다. 그러나 40대 초반의 글로버는 놀고먹는 생활에 싫증을 내고 다시 새로운 사업을 모색하였다. 마침 그때 미국인과 독일인이 합작으로 설립한 스프링 밸리(Spring Valley) 양조장이 매물로 나왔다. 그는 친구와 함께 이를 매수하여 1885년 일본 맥주 제조 회사(Japan Brewery Co.)를 설립했다. 3년 후, 1888년 5월 '기린'이라는 브랜드로 시판에 들어갔고, 1907년 미쓰비시에 매각되어 '주식회사 기린맥주'로 회사명이 바뀌어 오늘에 이르렀다.

1907년 2월 23일 주식회사 기린맥주 개업식 때, 회사에서 글로버의 공헌을 높이 평가하고, 공로금 3천 엔을 전달하였다. 당시 도쿄의 정원이 있는 주택 한 채 값이 2백 엔 정도였다. 또한 일본 정부도 1908년 글로버에게 메이지 유신에 기여한 공로를 인정하여 최고급의 훈장을 수여했다.

글로버는 1911년 12월, 도쿄의 자택에서 73세로 영면하여 나가사키 신사카모토 국제묘지에 안장되었다.

글로버 정원의 음영

나가사키의 미나미야마테에 위치한 약 9천 평의 글로버 정원은 나가사키의 관광 명소로 일본의 여명기를 엿볼 수 있는 야외 박물

현재의 글로버 정원

관이다. 정원 내에는 유럽·미국 등에서 2천 회 이상 오페라 〈나비부인〉의 주역을 맡은 미우라 다마키(三浦環)와 푸치니의 동상 등이 있다. 1974년 9월에 개원한 이래 연간 약 2백만 명의 관광객의 발길이 끊이지 않는 곳이다.

이곳에는 글로버 저택을 비롯하여 아홉 동의 서양식 건축물이 배치되어 있어 이국적 정취가 풍긴다. 글로버 저택, 린거 저택, 올트 저택의 세 동의 건물은 건축 당시부터 이곳에 자리하고 있었으며, 국가 중요 문화재로 지정되어 있다. 나머지 여섯 동의 건물은 시내에 있던 것을 이곳으로 이전한 것이다. 저택 이외에도 시내에 산재하여 있던 역사적 건물, 학교, 레스토랑 등의 건물도 옮겨 놓았다.

이 중 관광객에게 가장 인기가 있는 곳은 목조 방갈로식의 글로버 저택이다. 수년 전 아사히신문의 조사에 의하면, 일반인에게 공개된 서양식 주택의 제1위로 글로버 저택이 선정되었다. 좋아하는 이유로는 "양관과 항구의 경관과 잘 어울린다", "서양식 건축물이면서도 조금도 위화감이 느껴지지 않는다"는 점 등이었다.

영국의 사업가 토머스 글로버의 저택은 1863년에 완공된 것으로 일본에서 가장 오래된 목조 서양식 건물이다. 높은 천장, 바다로 향해 배열된 방, 일본의 전통적인 흙벽, 일본식 기와를 얹은 지붕, 서양풍으로 꾸민 실내 등 서양식과 일본식을 절충했다. 글로버가 어렸을 때 살았던 해안경비 대장 부친의 관저를 모방한 것이다. 완공 직후부터 외국인 거류지에서 가장 아름답고 입지 조건이 좋은 저택으로 소문이 났다. 저택에서 나가사키항이 바로 내려다보인다. 무역과 국제교류를 상징하는 신시대의 성채 같았다.

글로버는 1876년 미쓰비시 고문으로 도쿄로 이주하기 전까지 이곳 미나미야마테 3번 관을 자택 겸 게스트하우스로 이용하였다. 이 저택을 들락거렸던 메이지 유신 전야의 지사들로는 조슈의 다카스기 신사쿠, 이토 히로부미, 도사의 사카모토 료마, 사쓰마의 고다이 도모아쓰(五代友厚) 등을 들 수 있다. 이들은 글로버 부인의 내실 천장 아래에 있는, 비밀 사다리를 타고 올라가야 하는 아지트에서 무기 구입 등과 같은 비밀스러운 이야기를 나누었다.

글로버가 도쿄로 이사 간 후에는 그의 장남 구라바 도미사부로(倉場富三郎) 부부가 이곳의 주인이 되었다. 도미사부로는 글로버와 일본인 여성 사이에 태어났다. 글로버가 파산한 3개월 후였다. 글로버는 그를 '토미'라고 불렀다. 도미사부로는 미국인 선교사가 운영하는 미션계 중학교를 졸업한 뒤 상경하여 황실, 귀족의 자녀들을 위한 도쿄의 학습원에 진학하여 4년간 다녔다. 학습원 재학 중에는 미쓰비시 사장 이와사키 야타로의 저택에서 통학하였다. 일본에 귀화했지만 혼혈아로서 학습원 재학 중에는 꽤나 마음고생을 했다고 한다.

1888년 가을 그는 미국 유학길에 올랐다. 웨슬리언대학에 입학하였으나 2년 후 펜실베이니아대학에 편입하여 생물학을 전공하였다. 그는 생물학 중에서 특별히 어류에 대해 관심이 많았다. 후에 나가사키 해역에 서식하는 어류에 관한 어보(魚譜)를 발간하기도 하였다. 이 어보는 현재 나가사키대학 박물관에 보관되어 있다.

도미사부로는 귀국한 후 혼혈과 어학력을 바탕으로 나가사키 사교계의 명사로 활약하면서 '나가사키 인터내셔널 클럽'을 조직하는 등 나가사키에 거주하는 외국인과 일본인 간의 친선 우호 증진에 많은 정성을 쏟았다. 또한 나가사키기선어업 회사를 설립하여 일본에서 트롤어업을 처음으로 시작하였으며, 원양포경 조업을 하는 등 나가사키 실업계를 위해서도 애를 썼다.

그러나 1937년 중일전쟁이 발발하자 도미사부로에 대한 주위의 시선은 싸늘해졌다. 나가사키 시내의 스와신사(諏訪神社)에서 중일전쟁 승리기원 행사가 열리는 등 거리 전체가 전쟁색이 짙어져 갔다. 1938년 3월 말부터 미쓰비시중공업 나가사키조선소에서 선체 길이 263미터, 최대 폭 38미터, 톤수 7만 3천 톤, 승조원 2천 5백 명을 수용하는 세계 최대급의 전함 무사시(武藏) 건조가 극비리에 진행되었다. 무사시의 건조 과정을 국외자들이 볼 수 없도록 도크 주변에 3미터 높이에 약 3만 평에 달하는 함석담을 설치하고 위를 종려나무 줄기의 털로 꼰 커튼을 드리웠다.

전함 무사시의 건조는 도미사부로 부부의 인생을 뒤흔들어 놓았다. 글로버 저택은 미쓰비시 조선소는 물론 나가사키 항만 전체를 한눈에 내려다 볼 수 있는 산중턱에 자리하고 있다. 무사시 건조를 주문한 일본 해군의 입장에서 보자면 적국 영국의 피를 받은 혼혈아 도미사부로 부부는 눈엣가시와 같은 존재였다. 헌병들이 24시간 그들의 일거수일투족을 감시했다. 결국 도미사부로는 전함 무사시의 진수식을 반년 앞둔 1939년 6월 30일, 군 당국의 압력으로 저택을 미쓰비시에 넘겨주고 다른 곳으로 이사하지 않으면 안 되었다. 저택은 사실상 폐쇄되어 헌병대의 감시소로 전용되었다.

전함 야마토(大和)의 자매함인 무사시는 건조를 시작한 지 4년 4개월 만인 1942년 8월 5일 완공되어 연합함대에 편입되어 태평양을 누비고 다녔다. 일본 해군은 거대한 함포를 배치한 전함을 완성하여 압도적인 위력으로 미국 해군과 대결하려고 했다. 그러나 거함거포(巨艦巨砲)의 전함 무사시는 미군의 전투기와 잠수함의 집요하고도 집중적인 공격을 받아 전사에 남을 만한 공을 세우지도 못하고 1944년 10월 24일, 19시 35분 필리핀군도 시부얀해(Sibuyan Sea)에서 '불침함'의 별칭과는 달리 어이없게 침몰되고 말았다.

1945년 8월 15일 일본의 패전. 8월 26일 연합군의 일본 점령 소문이 퍼진 가운데 도미사부로는 스스로 인생을 끝냈다. 전범으로 재판에 회부될 것을 걱정했던 것이다. 도미사부로의 비극적인 선택으로 글로버가와 나가사키와의 관계는 단절되었다. 그러나 90년간에 걸친 글로버 부자의 공헌의 발자취는 나가사키의 역사와 더불어 오래도록 남을 것이 분명하다. 도미사부로는 부친이 잠들어 있는 나가사키 신사카모토 국제묘지에 안장되었다.

그 후 미쓰비시는 도미사부로부터 인수한 글로버 저택을 창업 1백주년 기념사업의 일환으로 1957년에 나가사키시에 기증하였고, 시에서는 수리하여 1958년부터 일반인에게 공개하고 있다.

미쓰비시그룹 창업자와 나가사키

이와사키 야타로

미쓰비시(三菱)그룹 창업주 이와사키 야타로(岩崎彌太郎, 1834~1885)는 도사번(현재의 고치현)에서 말단 무사인 향사(鄕士) 집안의 장남으로 태어났다. 1834년 그가 태어나던 무렵에는 부친이 향사직마저 친척에게 팔아넘기고 지하낭인(地下浪人)으로 입에 풀칠하기도 어려웠다. '지하낭인' 즉 '지게로닌'은 말단 무사에서 서민으로 전락한 자를 경멸적으로 부르는 호칭이다.

야타로는 또래의 아이들에 비해 덩치가 크고 힘이 장사여서 골목대장 노릇을 하며 자랐고, 차분하게 책상 앞에 붙어있는 성미는 못 되었다. 야타로의 아버지는 본인은 비록 술주정꾼이었지만 장남에게는 큰 기대를 걸고 한문과 습자를 가르쳤다. 지하낭인 출신이라 도사번의 공식 교육기관인 번교(藩校)에는 보낼 수가 없어서 사설 주쿠에 보내 공부를 시켰다. 10대의 야타로는 공자 왈 맹자 왈 하는 한문 공부에는 별 흥미를 못 느끼고 『삼국지』에 빠져 서너 번이나 되풀이하여 읽었다고 한다. 특히 유비가 삼고초려의 예를 다하여 제갈공명을 사부로 모시는 장면에 깊이 감동하였다. 후에 야타로가 영국 상인 토머스 글로버를 고문으로 초빙할 때도 이 고사를 떠올렸을 것이다. 야타로는 자신의 경영 철학은 『삼국지』에서 영향받은 것이라고 했다.

야타로는 청년 시절에 후쿠자와 유키치의 저서를 탐독하고 동년배이지만 그를 사숙하였다. 후쿠자와 유키치가 설립한 게이오기주쿠(慶應義塾)를 졸업한 인재들을 적극적으로 채용하였다. 어느 날 야타로는 후쿠자와를 저녁 식사에 초대하고 헤어질 무렵에 보라색 보자기로 싼 오동나무 상자를 건넸다. 그 속에는 마른 가다랭이 세 마리와 1000엔이 든 '촌지'라고 쓴 봉투가 들어 있었다. 당시 쌀 140kg이 6엔이 채 안 되었으니 천 엔으로 살 수 있는 쌀의 양은 약 23톤 이상이다. 야타로의 후쿠자와에 대한 존경심의 일단을 엿볼 수 있는 대목이다.

야타로가 스무 살이 되던 무렵, 1854년 6월 미일 수호통상조약이 체결되었다는 소문이 시골에도 파다했다. 야타로는 막연히 세상이 달라질 것 같다는 생각이 들어 에도를 구경하고 싶어졌다. 그러나 지하낭인의 신분으로는 혼자 도사번의 경계를 벗어날 수 없었다. 마침 에도로 부임하는 스승의 조수로 1854년 겨울에 에도에 가서 유명한 사숙에서 공부할 수 있었다. 모처럼 세상을 구경하면서

에도 생활을 즐기고 있는데 난데없이 부친이 술자리에서의 언쟁이 싸움으로 번져 중상을 입어 누워있다는 소식이 날아들었다. 그는 아쉽지만 유학생활을 10개월 만에 접고 부랴부랴 고향으로 되돌아와야 했다.

야타로는 부친에게 중상을 입힌 자를 관청에 고발하여 시시비비를 가려줄 것을 호소했으나 뇌물을 먹은 관리들이 술 마시고 싸운 송사에는 관여하지 않는다 등의 핑계를 대며 차일피일 시간만 끌었다. 울화가 치민 야타로는 관가의 벽에 뇌물을 챙긴 관리들을 맹비난하는 글을 두 번씩이나 썼다. 이로 인해 야타로는 7개월간 옥살이를 해야 했다. 그러나 옥살이가 전화위복이 되었다. 그는 투옥 중에 회계의 초보를 익혔고 사업을 하는 마음가짐을 배울 수 있었다.

야타로가 출옥 후 암담한 현실 앞에서 방황하고 있을 무렵 도사번의 고위직에서 면직된 요시다 도요(吉田東洋)가 고바야시주쿠(小林塾)를 개설하였다. 도사번의 내로라하는 자제들이 일시에 몰려갔지만 지하낭인의 신분 출신인 야타로는 손가락만 빨아야 했다. 마침 그때 요시다 도요가 문하생들에게 무역론이라는 논술 과제를 내주었다. 요시다 도요의 조카이자 야타로의 절친한 친구인 고토 쇼지로(後藤象二郎)는 동료들 중에 이 분야의 제일인자인 야타로에게 논문을 부탁했다. 아니나 다를까 요시다 도요는 야타로가 대필한 논문을 읽어보고 고토 쇼지로를 불러 "네 이놈, 이것 누가 써 준 것이냐"라고 추궁했다. 고토 쇼지로는 "선생님의 문하에 입문하기를 간절히 바라고 있는 이와사키 야타로라는 친구가 쓴 것입니다" 하고 이실직고하였다. 이렇게 하여 야타로는 그의 출세가도를 이끌어

준 스승과 평생의 맹우 고토 쇼지로와 특별한 인연을 맺게 되었다. 고토는 처음부터 야타로를 고바야시주쿠에 넣어주기 위해 일부러 논문 대필을 부탁했던 것이다.

야타로는 출세의 계기를 마련했을 뿐만 아니라 돈을 마련하여 향사직을 회복하여 굴욕적인 지하낭인 신세도 면하게 되었다. 당시 도사번에서는 농공상의 집안에서도 1백 냥(약 8천만 원) 정도를 상납하면 최하위 무사직에 오를 수 있었다. 경사가 겹쳐 스승 요시다 도요가 복직되어 고바야시주쿠의 인재를 발탁하여 중용하였다. 야타로도 스승의 추천으로 벼슬자리를 얻어 26세 때인 1859년 가을 나가사키에 파견되었다. 요시다 도요가 야타로를 발탁하여 나가사키에 파견한 것은 야타로의 무역론 논문을 높이 평가했기 때문이었다.

나가사키에 온 야타로는 마치 별세계에 온 것 같았다. 길거리를 오가는 외국인들이며 항구에 정박해 있는 증기선 등은 향리에서 볼 수 없었던 광경이었다. 혈기왕성한 청년 야타로는 마루야마 유녀들의 자태에 홀딱 반해 미식미주를 탐닉하였다. 매일 저녁 마루야마에서 중국 통역, 네덜란드 통역, 서양인들과 먹고 마셔댔다. 정종 한 되를 단숨에 비워 주위를 놀라게 한 주당이었다. 지참한 공금을 다 탕진하고도 마루야마에서 먹고 마신 외상값이 반년도 채 안 되어 8천만 원에 달했다. 야타로는 모든 것을 다 포기하고 윗사람한테 보고도 하지 않은 채 나가사키 체재 약 5개월 만에 보따리를 꾸려 고향으로 돌아가고 말았다.

그 후 야타로는 돈을 빌려 8천만 원의 술값은 그럭저럭 정리했으나 파면되었고, 설상가상으로 그를 아끼던 스승 요시다 도요가 자객들에 의해 암살되고 말았다. '이것으로 인생이 다 끝난 것인가' 하고 체념한 채 5년 동안 밭일을 하면서 지냈다. 그 후 다행히 맹우 고토 쇼지로의 도움으로 복직되었다. 1866년 2월 도사번은 요시다 도요가 생존 중에 구상한 개성관(開成館)을 설립하여 고토 쇼지로를 책임자로 임명하였다. 도사상회로 불리는 개성관의 조직은 군함 구입, 물산 판매, 화약, 의학, 번역국 등으로 되어 있었다.

야타로는 1867년 3월, 도사상회 나가사키 출장소의 재무담당으로 발령되어 8년 만에 나가사키에 다시 돌아왔다. 도사상회는 지역의 특산품을 판매하고 군수품을 구입하는 도사번의 무역상회이다. 주색에 빠져 빚만 잔뜩 지고 귀향하여 파면된 쓰라린 기억 때문에 나가사키 근무가 내키지 않았지만, 두 번째의 나가사키 근무가 야타로의 운명을 극적으로 바꾸는 계기가 되었다.

야타로는 부임하여 출장소의 회계 장부를 열어보고 기절초풍했다. 고토 쇼지로가 함대, 무기, 탄약을 영국 상인 윌리엄 올트(William Alt)를 통해 구입하고 치르지 못한 대금이 자그마치 18만 냥(현재의 약 126억 엔)이라는 천문학적 금액이었다. 야타로는 '고토에게 당했구나' 했지만 때는 이미 늦었다. 어떻게 해서든지 갚아 나가야 했다. 고토 쇼지로가 올트에게 18만 냥이나 빚을 지고 군함을 구입한 것은 도사번의 부국강병책의 일환이었기 때문이었다.

야타로는 이번에도 마루야마에 빈번히 들락거렸지만 처음 근무 때와는 달리 외국인 접대와 상담을 통해 정보 입수라는 뚜렷한 목적의식이 있었다. 이때 만난 토머스 글로버와는 파트너이자 생애의 친우관계를 유지했다. 글로버는 자신의 회사가 파산한 후 죽는 그날까지 미쓰비시 회사의 고문으로서 부사장의 급료를 받아 가며 품위를 유지하며 살 수 있었다. 글로버는 상하이로부터 함대, 무기, 기계류를 들여와 막부 측과 도막파의 양쪽에 팔아넘겨 엄청난 이득을 챙겼다. 그러나 글로버는 여러 가지 정보를 종합, 분석한 결과 사쓰마·조슈의 연합인 삿초(薩長)의 도막파가 유리하다고 판단하여 막부와 거래를 중단하고 도막파로 거래선을 일원화하였다.

이런 과정에서 야타로는 글로버를 만나게 된 것이었다. 그는 글로버가 도사상회와의 상거래 이외에도 다른 번의 대리점도 겸하면서 매매 수수료를 받고 또한 일시에 다액의 금액을 빌려 금리 수수료를 챙기는 것을 보고 서양식 상거래 수법을 배우게 되었다. 그 후 야타로는 미쓰비시상회를 설립, 일약 일본 제일의 해운왕으로서 도약하게 된다. 그것은 글로버를 만나 상거래 시스템을 배운 것이 크게 도움이 되었다. 야타로는 도사상회에서 무역의 제일인자라는 평가를 받게 되어 상급무사로 발탁되었다.

지하낭인에서 출발하여 상급 무사로 승진한 예는 아주 드물었다. 메이지 유신 정부가 1860년대에 효고(兵庫)·오사카(大阪) 개항을 결정하자 신정부의 정치·외교 무대는 교토, 오사카에 집중하게 되고 무역의 중심도 자연히 그곳으로 옮겨졌다. 도사번도 1867년에 효고, 오사카에 개성출장소를 개설하고 나가사키 도사상회를 폐쇄하고 오사카에서 새로운 사업의 전개에 희망을 걸었다.

야타로는 1869년 1월 9일, 영국 기선을 타고 추억이 많은 나가사키를 뒤로하고 오사카로 향해 떠나갔다. 야타로는 그 후 글로버와 상의하여 1873년 3월 미쓰비시해운을 설립하였다. 미쓰비시해운은

1874년 일본의 타이완 출병 때 병력과 군수물자 수송을 담당하여 큰 이득을 거두더니 1876년 강화도 사건과 1877년 서남전쟁이라는 내전을 통해서 천문학적인 부를 축적하여 '동양의 해운왕'으로 떠올랐다.

저승길이 대문 밖이라는 말 그대로 야타로는 1885년 2월 7일, 돌연히 당뇨병으로 만 50세를 일기로 파란만장한 생을 마감했다. 그러나 미쓰비스는 그 후 일본을 대표하는 기업으로 성장하였고, 사후 130여 년이 지난 지금 하버드대학 경영대학원 제프리 존스 교수가 그의 경영 철학에 관해 열강을 하고 있으니 야타로는 아마도 저 세상에서 회심의 미소를 짓고 있을 터이다.

일본 최초의 양식 레스토랑

일본 양식 레스토랑 제1호는 나가사키의 료린테이(良林亭)이다. 료린테이의 창업자 구사노 조키치(草野丈吉)는 나가사키 빈농의 차남으로 태어났다. 열 살 무렵부터 집에서 기른 채소 나부랭이를 가지고 이곳저곳 돌아다니며 행상을 하여 집안 살림을 도와야 했다.

동네에서는 성실하고 효성스러운 소년으로 소문났다. 조키치가 18세 때 데지마 네덜란드 상관에 물품을 조달하는 상회에 고용된 것이 인연이 되어 데지마 상관원의 하우스보이로 채용되었다. 버터, 우유 등 처음 보는 식재와 식욕을 돋우는 향료에 흥미를 갖게 되어 세탁, 청소 등의 허드렛일을 하면서 어깨너머로 서양 요리를 조금씩 익혔다.

1859년 데지마 상관이 폐쇄되어 영사관으로 바뀌자 1860년 2월, 위트(Wit) 네덜란드 총영사가 부임하였다. 총영사의 부임을 계기로 조키치는 요리사의 길을 걷게 되었다. 위트 총영사는 나가사키에 상주하면서 네덜란드 함정을 타고 요코하마, 오사카, 하코다테 등지로 자주 출장을 다녔다. 총영사는 그때마다 조키치를 수행시켜 식사를 준비토록 하였다. 그는 네덜란드 수행원의 지도를 받아 가며 항해 중에 서양요리를 본격적으로 익힐 수 있었다.

1863년 4월 위트 총영사가 귀국할 무렵, 조키치는 일본에서 제일가는 서양요리사로 성장하였다. 그는 총영사의 귀국 후에 자택을 개축하여 서양식 레스토랑 료린테이를 개업하였다. 양식기가 6인분밖에 없어 여섯 명 한정의 예약제였다. 식대는 1인당 3슈(朱)로 현재의 1만 3천 엔 상당의 고액이었다. 그런데도 예약을 다 받아줄 수 없을 정도로 인기가 있었다. 도쿄에서는 나가사키보다 9년이나 늦게 초대 주일 미국 해리스 공사의 전임 통역에게 고용되었던 고바야시 헤이하치가 1872년에 도쿄에 세이요테이(西洋亭)이라는 서양 레스토랑을 개업하고 직접 요리를 하였다.

구사노 조키치는 1878년 료린테이에서 멀지 않은 스와신사 앞에 서양식 건물을 신축하여 료린테이를 이전한 후 옥호를 지유테이(自由亭)로 개칭하였다. 지유테이 2층 거실은 귀빈실로 사용되었다. 미국의 18대 대통령 그랜트(Ulysses S. Grant)가 1877년 퇴임 후 세계일주 여행의 일환으로 1879년 6월 21일 나가사키에 입항하여 6일간 체재하였다. 그때 이곳에서 만찬회동을 가졌다. 또한 메이지 천황

구사노 조키치 동상

에게 세 번이나 서양요리를 조달하여 지유테이는 더욱 유명해졌다. 이토 히로부미 등 메이지 시대의 내로라하는 고위 인사들도 이곳에서 만찬회를 가졌다. 1882년 김옥균이 나가사키를 방문하였을 때 대접을 받은 곳도 이곳 지유테이이다. 현재 남아 있는 당시의 메뉴로는 카레, 쇠고기 소바, 크로켓, 카스텔라 그리고 커피 등이 있다. 일본 음식점에서 커피를 맨 처음 서비스한 곳도 료린테이다.

구사노 조키치는 교토, 고베, 오사카에도 진출하였다. 오사카에서는 1870년에 유럽식 호텔 겸 레스토랑 오후테이(歐風亭)를, 다음 해에는 호텔 지유테이를 각각 오픈하여 정력적으로 사업을 추진했다. 그러나 1886년 4월, 47세의 나이로 병사하고 말았다. 도쿄에서 1870년대 초에 간행된 『조야신문(朝野新聞)』은 '일본 서양요리의 개척자'의 부음을 비중 있게 다루고 애도를 표했다. 그의 장례식에는 5백여 명의 조문객의 발길이 이어졌다고 보도되었다.

그 후 지유테이는 지방재판소에 매각되었으며, 1974년 지유테이의 일부가 글로버 정원 내로 이전되어 커피점 지유테이 간판을 달고 영업 중이다. 2017년 11월 12일 글로버 저택을 둘러보고 지유테이에서 커피를 마시고 나왔더니 아주 흥미 있는 행사가 나를 기다리고 있었다. 일본 최초로 서양요리를 개척한 구사노 조키치의 공로를 기리는 동상 제막식이, 바로 지유테이 앞에서 조키치의 후손과 전일본 요리사협회의 서일본지역협회 회장 등 회원 50여 명이 참석한 가운데 제막식이 막 시작되려던 참이었다. 나는 운 좋게도 제막식을 처음부터 끝날 때까지 지켜볼 수 있었다.

막부 말에 나가사키에는 서양요리점이 세 개가 있었다. 지유테이, 후쿠야(福屋) 그리고 후지야(藤屋)이다. 후지야는 1865년에 일본 요리점에서 서양요리점으로 변신하였다. 가메야마샤추(龜山社中)와 가까워서인지 사카모토 료마의 편지에도 등장한다. 토머스 글로버와 미쓰비시 창업주 이와사키 야타로도 이곳의 단골이었다고 하니 음식 맛은 평이 좋았던 모양이다.

서양 요리를 즐긴 다음에 커피를 마시는 것도 나가사키에서부터 시작되어 일본 전국으로 확산되었다. 원산지가 에티오피아 또는 예멘인 커피는 네덜란드 동인도회사에 의해 세계에 전파되었다. 일본에는 무역 상품으로서가 아니라 데지마 상관의 자체 소비용으로 유입되어 네덜란드 상관원을 상대하는 통역과 유녀들을 통해 점차 일본 사회에 퍼지게 되었다.

1823년 네덜란드 무역관 의사로 부임한 독일인 지볼트가 동인도회사에 매년 수천 파운드의 커피를 보내줄 것을 요청하였다. 지볼트는 자신의 저서 『에도 예방 기행』에 "커피는 생명을 연장하는 양약이므로 일본과 같은 나라야말로 국민 보건 약으로 마셔야 할 것이다."라고 기록했다. 지볼트의 지도를 받은 많은 난학자와 의사들은 에도와 오사카로 돌아가 의약품으로서 커피를 널리 알렸다.

지볼트는 "커피가 장수하는 데 좋은 약이라고 선전하면 일본에서 커피가 널리 보급될 것으로 기대된다."고 적었다. 지볼트가 '커피는 곧 의약품'이라고 떠벌린 것은 일본의 커피 수입을 촉진하기 위한 수작이었다. 1858년 미일 수호통상조약 체결에 따라 커피콩은 상품으로서 수입할 수 있게 되었으며 고베, 요코하마 등의 개항장을 통해 일본 전국 각지에 퍼지게 되었다. 2017년 통계에 의하면 일본의 커피 수입량은 연간 약 50만 톤으로 세계 4위이니 지볼트의 수작이 먹히긴 먹혔나 보다.

짬뽕의 발상지, 시카이로

2012년 9월 중순 삼양라면으로 널리 알려진 삼양식품 주식회사가 나가사키 짬뽕을 출시하여 크게 히트한 적이 있다. 포장지에는 일본 나가사키 짬뽕의 유래 설명문과 함께 나가사키의 위치를 보여주는 작은 일본 지도가 인쇄되어 있었다. 하루 평균 45만 개를 생산하여 공장 확장도 검토하고 있다고 보도되었다. 2012년 4월 중순에는 사장 일행 다섯 명이 나가사키를 방문하여 나카무라 호도(中村法道) 지사를 면담하기도 하여 나가사키현은 한국과의 실질적인 관계 증진에 큰 기대를 가졌다. 그런데 어떻게 된 셈인지 그 후 얼마 되지 않아 삼양식품의 나가사키 짬뽕은 짬뽕의 수증기처럼 증발하고 말았다.

천핑순

사해루 전경

짬뽕은 나가사키에서 처음으로 상품화된 먹거리이다. 짬뽕의 원조라 알려진 천핑순(陳平順)은 1892년 19세 때, 단신으로 박쥐우산 1개를 들고, 중국 푸저우성(福州省)으로부터 나가사키에 왔다. 그는 호기심이 많은 소년이었다. 고향 사람들에게 빌린 돈으로 리어카 한 대를 마련하여 옷가지 등을 싣고 나가사키의 구석구석을 돌아다니며 행상을 했다. 말은 서툰데다 1894년 7월 청일전쟁 발발로 주위의 시선이 결코 곱지 않았지만 그는 중국인 특유의 인내심을 발휘하여 손짓 발짓을 해 가며 7년간 악착같이 돈을 모았다. 그리고 수더분한 일본인 여성 미쓰노를 아내로 맞이했다.

1899년, 26세 때 천핑순은 중국인들의 밀집 지역에 레스토랑과 여관을 겸하는 '대청국 사해루 요리 여관'을 열었다. 종업원 30

명. 박쥐우산 한 개로부터 시카이로(四海樓)가 탄생하는 감격의 순간이었다. 창업 당시의 사진을 보면 3층의 근사한 건물과 간판을 환하게 비추는 두 개의 전등에 영어 간판이 눈길을 끈다. 간판에는 '四海樓淸國御料理御旅館'과 함께 영어로도 'CHINESE-HOTEL-SHIKAIRO-RESTAURANT NO13 HIROBABAMACHI'라고 적혀있다. 중국에서는 식당이 숙박업을 겸하였다. 전통적으로 밥과 술은 숙박시설이 제공하는 부대 서비스였다.

사방 즉 세계로부터 손님이 모여들기를 기대하고 시카이로로 작명한 듯 보인다. 그 후 시카이로는 나가사키를 방문하는 관광객들이 한 번은 들려야 하는 코스가 되었으니 작명을 잘한 모양이다. 사실은 서울에도 1930년대에 '사해루'라는 고급 중국 요릿집이 있었다고 한다.

당시 개항지인 나가사키에는 푸저우 출신의 가난한 유학생들이 많았다. 크리스천이기도 했던 천핑순 사장은 오갈 데 없는 유학생들에게 많은 도움을 베풀었다. 입학이나 취직에 필요한 신원 보증은 물론 돈도 빌려주었다. 한창 먹을 나이인 젊은이들의 식사가 부실한 것을 보고, 값이 싸며 푸짐하고 영양 만점인 시나(支那) 우동 즉 중국 우동을 만들었다.

이 시나 우동이 '짬뽕'의 시작이다. 식재료는 돼지 뼈를 푹 고아서 만든 국물에 돼지고기, 캐비지, 숙주나물, 생선묵, 새우, 오징어, 조개 등 보통 열 가지 정도가 들어간다. 면은 밀가루에 탄산나트륨이 주성분인 도아쿠(唐灰汁)라는 재료를 넣어서 만든다. 도아쿠는 밀가루로 만든 면이 쉽게 변질되지 않도록 하는 동시에 짬뽕의 면이 지니는 특이한 맛을 내게 한다.

짬뽕의 어원에 대해서는 푸저우 사투리로 '식사하셨습니까'라는 뜻의 '샤뽕(吃飯)'이라는 인사말에서 유래하였다는 설과 여러 가지를 섞었다는 설 등이 분분하다. 1907년 간행된 『나가사키현 기요』에 "시내에 수십 채의 짬뽕 식당이 있다."고 기록된 것으로 보아 개업한 지 5, 6년이 되어 짬뽕이란 말이 널리 쓰이게 된 것으로 보인다. 1914년 「나가사키 안내」에는 나가사키의 명물 유행의 제 1번으로서 짬뽕을 소개하고 있다.

시카이로도 짬뽕과 더불어 유명해졌다. 1913년 3월 22일 푸젠성 회관에서 나가사키 화교 대표, 나가사키 지사 등 70여 명이 참석한 가운데 중국의 혁명가 쑨원의 환영 오찬회를 개최하였다. 쑨원은 혁명자금 모금을 위해 10회 가까이 나가사키를 방문했다는 기록이 있다. 오찬회의 음식 일체는 시카이로에서 준비한 것이며, 짬뽕도 당연히 서비스되었다. 또한 1977년에는 아키히토 상황이 황태자 시절에 시카이로에서 짬뽕과 접시 우동을 먹었으며, 아쿠타가와 류노스케(芥川龍之介), 기쿠치 히로시(菊池寬) 등의 문인들도 시카이로에서 나가사키항을 바라보면서 짬뽕을 먹었다고 한다.

짬뽕 노래까지 만들어졌다.

"미끄러졌나 넘어졌나
시카이로 앞에
짬뽕 한 그릇 안 먹으면
허리에 힘이 없어 못 일어나겠는걸

엔야라야노아 엔야라야노
엔야라야노 엔야라호이노사"

시카이로는 태평양전쟁 중이던 1944년에 강제로 폐업되어 미쓰비시 조선소의 공원들의 숙소로 사용되었다. 1948년 장남과 차남이 각각 나가사키의 별도의 장소에서 시카이로 식당을 운영했으나 1951년 5월에 형제들이 합심하여 본래의 장소에 시카이로를 재건하여 오늘에 이르고 있다.

시카이로는 현재 은행원 출신인 천핑순의 증손자가 사장을 맡고 있다. 5층의 현대식 건물로 식당은 전망이 좋은 5층에 있고 2층에는 짬뽕 박물관이, 1층에는 선물 매장이 자리하고 있다. 시카이로에서 요리를 배운 젊은이들이 독립하여 일본 각지에서 식당을 개업한다. 나가사키 짬뽕은 이제는 나가사키 지역구를 넘어 전국구의 명물이 되고 있다.

프랑스 해군 대위 로티,
나가사키에서 계약결혼

피에르 로티(Pierre Loti)는 프랑스 해군 장교이자 소설가였다. 로티는 필명이다. 스물두 살 때 로티 소위는 3개월 정도 남태평양의 프랑스령 타히티섬에 체류했다. 그때 사귄 마리오족의 아가씨가 그 섬의 꽃 이름을 따서 붙여준 이름이 '로티'이다. 본명은 루이 마리

줄리안 비오(Louis Marie-Julien Viaud). 그는 해군 사관으로 세계 각지를 순방하며 견문한 내용과 현지 여성과의 연애 체험을 바탕으로 한 로맨틱하고 이국적인 소설을 다수 발표하여 소설가로서 이름을 떨쳤다.

로티는 소년시절부터 작가의 길을 꿈꿨다. 그러나 시청 회계과의 주임이었던 부친이 공금횡령 혐의로 체포되는 불행한 일이 터져 학비가 안 드는 해군학교에 입학하였다. 졸업 후 바로 해군에 입대하여 배를 타고 세계를 견문하면서 작가의 꿈을 실현하였다. 아버지의 실직이 전화위복이 된 셈이다.

1885년 7월, 로티가 승선한 군함 라·트리온판드호가 수리와 점검을 받기 위해 나가사키의 미쓰비시 조선소 도크에 입고되었다.

피에르 로티의 주거 그림

장병들은 상륙하여 한 달 정도 느긋하게 휴식을 취하며 먹고 마신다. 로티는 나가사키에 초행이었으나 이곳의 아가씨와 사랑을 나누고, 그것을 한 편의 작품으로 엮어낼 작정을 하였다.

35세의 프랑스 해군 대위가 연애 상대를 찾는 것은 예상외로 간단했다. 로티는 7월 11일 상륙하여 불과 5일 만에 외국인 거류지에서 멀지 않은 주젠사(十善寺) 골목에 있는 목조 건물 2층에 오카네(お兼)라는 여성과 신접살림을 차렸다. 작은 정원에 녹음이 우거져 아늑한 분위기였다. 1층에는 집주인 가족이 살고 있었다.

저녁에 단출한 혼인식이 거행되었다. 자그마한 체구의 신부는 부끄러운 듯 눈을 아래로 내리깔고 있고, 신부의 어머니와 친족들 그리고 집주인의 가족들이 미소 띤 얼굴로 다타미 위에 둥글게 앉은 가운데서 식을 치렀다. 이 예식은 로티가 소설 구상을 위해 마련한 결혼식 체험 이벤트였다. 사실은 결혼식이 아니라 월 35만 엔 정도를 지불하고 한 달간 잠자리를 같이할 짝을 맞이하는 놀이였다. 그래도 식이 끝난 후에는 가족들과 이웃 사람들과 함께 여느 잔칫집처럼 흥겹게 마시고 춤추고 노래했다.

로티의 신혼생활은 시작하자마자 권태기에 들어선 꼴이 되었다. 로티는 이미 타히티의 열정적이고 수다스러운 미녀와의 열애를 체험했던 터라 오카네는 재미없는 여자였다. 그 행위가 끝나고 나면 말이 안 통하니 별로 할 말도 없고, 피차가 한 달 정도로 끝나는 희극인 줄 뻔히 아는 처지에 신혼 기분이 날 리도 없었다. 오카네는 그저 마음속으로 일당만 계산하고 있었을 터였다. 로티는 그래도 훗날의 명작 탄생을 기대하고 부지런히 나날의 흐름을 꼼꼼하게 기록해두었다.

밤낮으로 울어대는 매미 소리가 지겨웠다. 동거를 시작한 지 일 주일쯤 지나서 로티는 조카에게 보낸 편지에서 "나는 여전히 심심하고 따분하다. 재미있게 지내려고 여러 가지 시도를 해보았지만 다 소용없는 짓이다. 모든 게 짜증스럽고 싫증나게 한다."라고 적었다. 로티가 제일 못마땅하게 여긴 것은 오카네가 밤에 담배를 연방 피워대는 것이었다.

그는 훗날 오카네를 소재로 한 소설 『오키쿠상(お菊さん)』에서 담배 피우는 모습을 자세하게 기술하여 놓았다. 그녀는 집시 같은 차림으로 앉아 담배를 뻐끔뻐끔 피운 다음, 담뱃대를 딱딱 두드려 담뱃재를 털어낸다. 그러면 아래층의 주인 마나님도 질세라 딱딱 하고 담뱃재를 털어내며 응답하는데 그 소리가 아주 듣기 싫었다고 한다. 기쿠는 아침에 눈을 뜨면 버릇처럼 담뱃대를 입에 물었다. 로티는 왠지 그녀가 옆에 있는데도 고독감에 사로잡히곤 했다. 오카네는 로티를 실망시킨 일본 아가씨였으나 역설적으로 좋은 작품의 소재를 많이 안겨주었다.

8월 12일 수리를 끝낸 함정은 중국으로 출항하게 되었다. 로티도 사랑놀이를 끝내고 짐을 꾸려야 했다. 고개를 약간 아래로 숙이고 슬픈 표정을 한 오카네가 로티의 손을 이끌고 마당으로 끌고 갔다. 오카네의 부모님이 한 달 계약직 사위한테 작별인사를 하러 온 것이었다. 그들은 '우리 딸을 사랑해줘 감사합니다'라는 의미로 머리를 깊숙이 숙였다. 로티는 길가의 여관에서 하룻밤 자고 떠나는 나그네처럼 뒤도 안 돌아 보고 함정 쪽으로 발걸음을 서둘렀다.

전송하기 위해 나온 여인네들을 태운 배를 뒤로하고 함정은 서서히 바다 가운데로 빠져나갔다. 4주 정도의 짧은 동거극은 미련도 없이 막을 내렸다. 그들이 살던 정원의 나무에서는 여전히 매미들이 울어대고 있었다.

로티는 일본을 떠난 지 15년 만인 1900년 12월 다시 나가사키에 나타났다. 인생의 완숙기에 접어든 50세의 나이였다. 애틋한 사랑의 추억은 없지만 오카네상과 그 가족 생각이 떠올라 옛날의 신혼집 근처를 기웃거렸다. 우연히 시장 거리에서 오카네의 어머니를 만났다. 그는 반가운 마음에 덥석 손을 잡았다. 15년 만인데도 별로 달라지지 않았다. 그녀는 사위대접을 하느라고 로티를 자택으로 저녁 식사에 초대해 주었다. 서툰 일본어로 그래도 꽤나 많은 이야기를 나누었다. 오카네는 초롱불 도매상과 정식 결혼하여 1백 리 정도 떨어진 곳에서 살고 있는데 아이가 없어 고민이라고 했다. 로티는 우연히 마주치면 몰라도 일부러 오카네를 만나러 가고 싶지는 않았다.

로티는 나가사키 최후의 방문을 위해 1901년 10월 15일에 도착하여 10월 29일 출항했다. 여태까지의 출항과는 달리 이번에는 왠지 슬프고 쓸쓸한 마음이 들었다. 퇴역을 앞둔 그로서는 두 번 다시 나가사키 땅을 밟을 수 없으리라는 생각에서였다. 로티는 실제로 다시 나가사키에 오지 않았다. 그러나 나가사키 사람들은 스와신사와 이웃하고 있는 나가사키 공원 한켠에 로티 기념비를 세워 지금까지도 그를 기억하고 있다. 로티의 작품이 일본에서만 30권 이상 출판되어 일본인들의 사랑을 받고 있는 것을 보면, 그의 발자취는 일본 땅에서 쉽사리 지워지지 않을 것으로 보인다.

로티는 오카네와의 짧은 사랑의 체험을 『국화부인』과 『로티의 일본 일기-오키쿠상과의 기묘한 생활』이라는 두 권의 책으로 엮어내서 유럽인들로 하여금 일본을 동경하는 마음을 품게 했으니 결코 끝난 것이 아니었다. 니콜라이 러시아 황태자는 로티의 소설을 통해 나가사키의 자연과 여인을 그려보면서 초조하게 입항을 기다리는 심정이 되었다. 오페라 〈나비부인〉을 쓴 존 롱도 이 작품의 영향을 받았다고 한다.

로티여! 사랑은 짧고, 작품의 생명은 길다!

러시아 황태자의 하룻밤 풋사랑

러시아 황태자 니콜라이(Aleksandrovichi Nikolai)는 시베리아 철도 기공식 참석에 앞서 1890년 11월부터 1891년 8월까지 약 9개월에 간에 걸쳐 순양함 파미야치 아조바(Pamyati Azova)를 타고 이집트, 인도, 베트남, 스리랑카, 상하이, 일본 등을 순방하는 '동방 여행' 길에 나섰다. 황태자 일행이 탄 군함은 상하이에서 4월 25일 출항하여 나가사키로 향했다. 일본에서 나가사키에 가장 먼저 기착하고, 가고시마와 고베 순으로 기항하고, 고베에서 열차 편으로 교토로 이동하는 일정이었다.

니콜라이는 출항을 앞두고 일기에 "나의 마음은 이미 오래전부터 나가사키에 가 있다. 아마도 나가사키 체류는 아주 멋질 것이다.”라고 나가사키 방문에 약간은 흥분하는 모습을 그대로 적고 있다. 그는 피에르 로티의 연애소설 『국화부인』을 읽으며 나가사키에서 달콤한 추억 만들 생각에 들떠있었다.

나가사키 방문 때의 니콜라이 황태자
(사진의 원조로 불리는 우에노 쇼키치 촬영)

1891년 4월 27일, 마침내 아조바호는 축포의 굉음 속에 나가사키에 입항하였다. 당시 나가사키는 블라디보스토크에 기지를 둔 러시아 동양 함대가 겨울을 나는 항구로 러시아인들을 위한 호텔 베스나('봄'의 의미)가 성업 중이었고, 러시아촌의 '러시아 마도로스 휴식소'라는 유곽에는 러시아 병사들과 선원들로 북적거렸다. 또한 요정 볼가강, 장교 클럽, 기념품 가게, 식당이 즐비했고 상인들은 러시아어를 제법 구사했다.

니콜라이의 방일은 비공식 방문이었으나 아리스가와 황족이 접반역을 맡아 국빈에 준하는 예우를 하였다. 황태자의 나가사키 체류는 8박 9일의 일정으로 러시아 정교회의 부활절 기간과 겹쳐 주류와 육식을 삼가야 하고 금식도 해야 하는 등의 제약이 불가피했다. 입항은 했으나 종교행사로 인해 환영 행사는 5월 4일 정식 상륙 이후로 미루어졌다.

도착 다음 날, 밤에 내리던 비가 그치고 이국적인 나가사키의 경관이 모습을 드러냈다. 정교회의 경건한 신도로서 지켜야 할 계율이 많은데도, 23세의 청년 황태자는 호기심을 억누를 수 없어 인력거에 몸을 싣고 미복잠행(微服潛行)으로 시가지를 돌아다니며 구경도 하고 쇼핑도 잔뜩 하였다. 쇼핑한 금액이 우리 돈으로 자그마치 1억 원 이상인 것으로 일본 경찰 기록에 남아있다.

니콜라이는 그날의 일기에 "나가사키는 거리가 깨끗하고 사람들이 친절하여 기분이 좋다."라고 적었다. 미행(微行)하는 입장임에도 황태자는 가게 주인한테 서명도 해주고 명함 대신 초상화 사진을 주는 등 자신의 신분을 그대로 드러내 먼발치에서 그를 감시하는 일본 경찰이 오히려 머쓱한 표정을 지었다.

나가사키 방문 사흘째, 니콜라이는 여느 때와 마찬가지로 10시쯤 일어나 식사를 마치고 로티의 소설 『국화부인』을 뒤적거리다 한 곳에 한동안 시선을 멈추었다. 로티가 문신사를 불러 가슴에 화려한 모란꽃의 문신을 몸에 새기고 있는 장면을 묘사한 부분이다. 당시 일본에는 문신 금지법이 아직 발효 중이었다. 그날 저녁 니콜라이는 함정으로 문신사를 불러 9시부터 새벽 4시까지 장장 7시간에 걸쳐 오른쪽 팔에 15센티 정도의 용의 문신을 새겼다. 그는 전혀 아프지 않았으며 문신의 용이 마음에 든다고 했다.

러시아 정교회에서 용은 악마로 사탄인 뱀과 같은 부류로 여겨져 터부시된다. 그런데 왜 하필 용의 문신을 새겼는지 알 수 없다. 용의 문신이 니콜라이의 운명을 비극적으로 채색했던 모양이다. 니콜라이가 다음 방문지에서 경호 순사가 휘두른 칼날에 상처를 입고 붕대를 감은 채로 시베리아 철도 기공식에 나타나자 모든 러시아인들은 경악을 금치 못했다. 그렇지 않아도 미신과 소문이 판치는 러

사건 전에 방문한 나가사키에서의 황태자 니콜라이(1891). 나가사키시립도서관 소장.

시아에서, 경축의 잔치에 붕대를 감은 황태자의 모습은 불길한 징조로 모든 이의 가슴에 짙은 음영을 드리웠다.

훗날 1896년 5월, 니콜라이 2세가 즉위하던 날에는 2천여 명이 압사하는 참변이 일어나게 된다. 또 결혼한 지 10년 만에 얻은 아들은 혈우병 환자였다. 그리고 결국에는 1917년 사회주의 혁명이 일어난 이듬해에 일가 모두가 노동자와 농민의 이름으로 시베리아에서 처형되고 말았으니 불길한 조짐은 단순히 조짐만으로 끝나지 않았다.

4월 30일, 니콜라이는 전용 인력거 667호를 타고 고신사(悟眞寺)로 가서 러시아인들의 묘지에 헌화했다. 묘지 한쪽에는 러시아 정교회식의 아담한 채플이 있어 주위와는 또 다른 독특한 분위기를 자아내고 있다. 황태자는 묘지와 주변 관리가 잘 되어 있는 것에 주지 스님에게 감사를 표하고 금일봉을 드렸다. 1853년 푸차친 제독이 국교 요청을 위해 함대를 끌고 나가사키에 왔을 때 병사들이 고신사에 머물게 된 것이 인연이 되어 이 절 부근 이나사(稻佐)에 러시아인 체류지가 형성되었다. 니콜라이가 방문했을 때에도 천 명 정도의 러시아인들이 장기 거주하고 있었다.

5월 4일, 예포가 울리는 가운데 군함 아조바호가 공식적으로 상륙했다. 지사 관저에서 방석에 앉아 오찬을 들었는데 음식은 맛이 없고 발이 아파 고생했다고 한다. 니콜라이는 식사고 구경이고 흥미가 없고 오로지 오늘 나가사키 최후의 밤에 이나사의 러시아 장교 자택에서 예정된 일본 미녀들과의 파티만 생각하고 있었다.

나가사키 항구에 황혼이 내리자 마루야마 유녀 서너 명을 불러 새벽 2시까지 춤추고 노래하고 마셔댔다. 니콜라이는 도중에 슬그머니 자리를 빠져나와 새벽 4시 무렵까지 미치나가 에이(道永エイ)와 단둘이 그토록 갈망하던 달콤한 시간을 가졌다. 니콜라이는 정표로 에이의 목에 다이아몬드 목걸이를 걸어주고 아쉬운 마음으로 군함으로 돌아와야 했다. 니콜라이는 "아주 만족스러웠다."라고 일기에 적었다.

5월 5일 오후 5시, 서서히 항구를 빠져나가는 군함의 갑판에서 '이토록 깨끗하고 아름다운 나가사키를 떠나야 하다니 아쉽군. 8일 동안 평온한 가운데 유쾌한 시간을 보냈다.'고 혼자 읊조리며 점점 멀어지는 시가지를 바라보았다. 떠나는 배를 향해 연방 손짓하는 에이의 목에 걸린 다이아몬드 목걸이가 오후 햇살에 에이의 눈물처럼 반짝거렸다.

니콜라이 일행은 나가사키에서 일정을 마치고 다음 행선지인 고베로 이동하였다. 1891년 5월 11일, 황태자 일행이 막 교토 부근의 시가현(滋賀縣) 현청을 벗어날 때 경천동지할 일이 벌어졌다. 경호를 위해 차출된 쓰다 산조(津田三藏) 순사가 니콜라이에게 접근하는가 싶더니 돌연 칼집에서 일본도를 빼내어 니콜라이의 머리를 향해 사정없이 내리쳤다. 다행히 그 칼날은 모자 테두리를 가르고 황태자의 후두부를 스쳤을 뿐이었다. 가벼운 찰과상이었다. 오쓰에서 발생한 일이라고 해서 흔히들 '오쓰 사건'이라고 한다.

쓰다는 현장에서 체포되었다. 일본 조야(朝野)는 러시아에 대한 공포로 비상이 걸렸다. 메이지 천황 주재로 어전 회의가 열렸고 천황은 심히 애석하게 여긴다는 뜻의 '통석의 염(痛惜の念)'을 표하고 가해자를 조속히 처벌하여 양국 간 우의가 손상되는 일이 없도록 하라는 칙서를 발표했다. 또한 황제 알렉산더 3세에게 지극한 마음으로 위로의 전문을 보내어 용서를 구하였으며 메이지 천황 자신이 사건 발생 이튿날 서둘러 교토까지 문병을 갔다. 메이지 천황이 언급한 '통석의 염'은, 1990년 5월 방일한 노태우 대통령을 위한 만찬의 천황 만찬사에서 "우리나라에 의해 초래한 불행했던 시기에 귀국 국민들이 겪었던 고통을 생각하면 '통석의 염'을 금할 수 없다."라고 되풀이된다.

메이지 제일의 공신을 자부하는 이토 히로부미는 계엄령을 선포하고 당장 흉도를 엄벌하는 길만이 러시아와의 개전을 회피하는 방안이라고 했다. 그야말로 온 나라가 벌집을 쑤셔 놓은 형국이었다.

유코라는 아낙네는 러시아 황제에게 사죄를 구하는 유서를 남기고 자살하여 하루아침에 애국 열녀가 되었으며 장례식에는 수많은 조문객이 밀어닥쳤다.

사건 8일 만인 5월 19일, 니콜라이 황태자는 나머지 일정을 취소하고 블라디보스토크를 향해 떠났다. 한편 범인 쓰다는 재판 과정에서 니콜라이가 일본에 상륙하면 우선 천황을 예방해야 하는데도 한가하게 유람이나 하는 불경스러운 태도에 모욕감을 느껴 일을 저질렀다고 했다. 고지마 이켄(兒島惟謙, 1837~1908) 대심원장은 니콜라이 황태자에게 불상사가 발생하면 일본 황족에 대한 위해범과 동일하게 범인을 처리하겠다는, 아오키 슈조 외상의 언질을 무시하고 일반적인 살인 미수범으로 기소하여 무기징역형에 처했다. 쓰다는 복역 4개월여 만에 서른여섯 살의 시퍼런 나이에 옥사했다. 독살과 병사설이 엇갈리고 있다.

일본의 조치는 러일 간에 깊은 불신의 골을 판 결과가 되었다. 러시아 황태자 살인 미수범에게 적용할 국내 법규가 없으면 국제적 합의가 우선적으로 적용되었어야 했다는 지적이 지금도 나오고 있다. 1941년 4월, 소련-일본 중립조약이 성립되었을 때 소련은 일본에 대해 전쟁 종결을 위한 조정자 역할을 할 수 있는 입장이었다. 그러나 결국 스탈린은 중립조약을 파기하고 1945년 8월 8일, 일본에 선전 포고를 하고 남쿠릴열도를 무력으로 점령했다. 오쓰 사건 발생 반세기가 지난 시점이었다. 스탈린이 오쓰 사건에서 극명하게 드러난 일본 국민성의 일단을 꿰뚫어 보았는지는 알 수 없으나 남쿠릴열도 4개 섬 반환 문제는 현재 러일 간의 최대의 현안으로 남아 있다.

여담으로 고르바초프의 나가사키 방문의 뒷이야기를 덧붙인다. 니콜라이가 러시아인 묘지를 참배한 지 1백 년 후인 1991년 4월 19일 초저녁 무렵이었다. 소련 고르바초프 대통령은 나가사키에 불과 4시간 밖에 머물지 않는 빠듯한 일정인데도 고신사의 러시아인 묘지에 헌화하고 묵념을 했다. 그리고 서둘러 대통령 전용기 편으로 노태우 대통령과의 정상회담을 위해 제주도로 이동했다.

도대체 무슨 일인가 하고 나가사키 시민들은 의아하게 생각했다. 일본 외무성이 고르바초프 대통령 방일 수일 전에 느닷없이 하바롭스크에 있는 일본인 시베리아 억류자 묘지 참배 카드를 꺼내들어 러시아 측을 진퇴양난에 빠지게 했다. 일본으로부터 경제적 협력이 절실한 고르바초프로서는 일본의 요구를 무시할 수도 없고, 그렇다고 소련 최고지도자로서 처음으로 하바롭스크의 일본인 묘지를 참배하는 광경이 국내 언론 매체에 보도될 경우, 여론이 악화될 것은 뻔한 일이었다.

그래서 여러 가지로 궁리한 끝에 일본인 묘지와 러시아인 묘지를 둘 다 방문하는 묘수를 썼던 것이다. 일본 유력 신문들은 고르바초프 대통령의 하바롭스크의 헌화 광경은 대서특필했지만 나가사키의 러시아인 묘지 헌화는 묵살하고 말았다. 우연인가, 나가사키를 방문한 니콜라이도, 고르바초프도 말년이 별로이다.

3부

나가사키의 빛과 그림자

나가사키 기리시탄의 부침

1549년 8월 15일 '동방의 사도'로 불리는 예수회 선교사 프란시스코 하비에르(Francisco de Xavier)가 일본인의 안내로 가고시마(鹿兒島)에 상륙함으로써 가톨릭이 일본에 전래되게 되었다.

일본인들은 처음에 가톨릭과 가톨릭 신자를 '기리시탄'(포르투갈어의 christão)이라고 부르고 '吉利支丹'으로 표기했다. 그러나 제5대 쇼군 도쿠가와 쓰나요시 이후에는 쓰나요시의 '길(吉)' 자를 회피하여 '切(절)'을 사용하여 '切支丹'이라고 했다. 이 같은 피휘(避諱)는 동아시아 한중일 3국의 일종의 관습이었다.

하비에르는 스페인 북쪽 프랑스와 인접한 나바르국 성주의 아들로 태어나 1525년 성직자의 길을 택하였다. 1534년 성모마리아 승천대축일인 8월 15일, 이냐시오 로욜라 등 7명의 동지와 함께 파리 몽마르트 언덕에서 예수회를 창립하였다. 예수회는 종교개혁에 대항하여 가톨릭교회 내의 혁신을 목적으로 결성된 수도회로 1540년 로마 교황 바오로 3세가 수도회로서 공인했다.

하비에르는 선교를 위해 1542년 고아(Goa)에 상륙하였다. 고아는 아라비아해에 면한 인도의 한 주로서 1510년 포르투갈에 의해 점령되어 아시아에 있어 포르투갈의 교역과 포교의 본거지가 되어 '황금의 고아'라고 불렸다. 그 후 하비에르는 1547년 말레이반도에 위치한 말라카(Malacca)에서 가고시마 출신의 야지로라는 일본인을 만난 것이 계기가 되어 일본 선교를 마음먹게 되었다. 야지로는 하비에르 사제로부터 파울로 데 산타페라는 세례명으로 세례를 받아

프란시스코 하비에르

일본인 가톨릭 신자 1호가 되었다. 하비에르는 야지로의 안내로 가고시마에 상륙하게 되었던 것이다.

하비에르는 히라도에서 선교활동을 시작하여 짧은 시일 내에 1백여 명에게 세례를 주었다. 그는 일본인의 왕성한 지적 호기심으로 볼 때 가톨릭이 널리 퍼질 것으로 기대했다. 일본 선교에 대한 천황의 허가를 받고자 교토에 갔으나 황실 문턱도 넘지 못하고 히라도로 되돌아오고 말았다. 그 후 그는 서일본의 히라도, 야마구치, 오이타(大分) 등지에서 포교 활동을 하여 5백여 명에게 세례를 줄 수 있었다.

하비에르는 2년 남짓한 일본 체류를 통해 일본 선교에 앞서 일본의 문화적 선진국인 중국을 먼저 개종시켜야 한다는 생각을 하고 보따리를 꾸려 중국으로 떠났다. 그러나 중국 본토를 밟지도 못하고 광둥성 해상에 있는 상촨도(上川島)에서 1552년 12월에 소천하고 말았다.

하비에르의 뒤를 이어 일본에 온 선교사들은 백성들이 영주의 말이라면 죽는 시늉까지 한다는 사실을 알고 영주를 개종시키는 데 온갖 힘을 쏟았다. 1563년에는 나가사키와 사가를 통괄하는 오무라 스미타다(大村純忠) 영주가 20여 명의 가신들과 함께 바르톨로메오(Bartolomeo)라는 세례명으로 세례를 받아 일본 가톨릭 영주 제1호가 되었다. 뿐만이 아니라 그는 1580년에는 나가사키 및 그 인근 지역 모테기(茂木)를 예수회에 기진(寄進)함으로써 나가사키를 교회령으로 만들어버렸다. 스미타다의 이 같은 조치는 인근 영주의 나가사키 침입 저지와 무역에 의한 관세 수입의 확보를 위한 꼼수였다.

전국시대라는 난세의 영주에게 있어 남만무역 즉 포르투갈·스페인과의 무역이 가져오는 이익은 매력적인 것이었다. 무역과 가톨릭의 보호는 표리일체의 관계였다. 따라서 영주들의 가톨릭의 입신은 신앙에 관심이 있어서가 아니라 무역을 통한 부를 확보하기 위한 방편이었다. 염불보다는 잿밥에 관심이 있었던 것이다. 그래서 스미타다의 뒤를 이어 영주가 된 장남 요시아키는 어렸을 적에 세례를 받았지만 막부의 기리시탄 금교정책이 심해지자 가문 존속을 위해서라는 핑계를 대고 일련종으로 개종하고 성당에 안치되어 있던 부친 스미타다의 유해를 사찰로 옮겼다.

오다 노부나가(織田信長)는 불교 세력을 견제할 셈으로 가톨릭을 공인하였다. 1581년 2월 교토에서 예수회 발리냐노 순찰사, 로드리게스 선교사와 면담을 할 때 노부나가는 발리냐노의 흑인 시종을 신기하게 여기며 각별한 관심을 나타냈다. 발리냐노는 눈치 빠르게 모잠비크 출신의 시종을 노부나가에게 헌상하여 그의 환심을 샀다. 노부나가는 몇 번인가 흑인의 상반신을 벗겨 씻어 보았다. 씻으면 씻을수록 더 검어지는 것 같아 '아하'를 연발하였다. 노부나가는 그를 '야스케'라고 부르고, 칼을 찰 수 있는 무사로 발탁하여 몸종같이 부렸다. 유일무이한 흑인 무사 등장이다.

노부나가의 사후 천하의 패권을 장악한 도요토미 히데요시도 처음엔 가톨릭에 대해 관용적인 태도를 보였다. 그러나 그는 1587년 갑자기 일본을 '신국(神國)'이라고 하면서 선교사 추방령을 발함과 동시에 포교를 금지하고 나아가 오무라 스미타다가 예수회에 기진한 나가사키를 몰수하여 버렸다. 그러나 포교를 금지하면서도 남만무역은 장려했기에 추방 조치는 불철저하게 끝났으며, 그 후에도 선교사들의 잠입은 계속되었으며 포교도 어느 정도 묵인되었다.

히데요시에 이어 1603년 천하를 통일한 도쿠가와 막부에게 가톨릭은 거추장스러운 존재였다. 신자들이 비약적으로 늘어나 1605년 무렵에는 30만 명, 1615년에는 50만 명 정도에 달했다. 신 앞의 평등을 설파하는 교리는 주종관계와 상하 질서를 중요시하는 봉건적 도덕률과 배치되었고 또한 할복자살과 일부다처제를 부정하는 교리도 용납하기 어려웠다. 신도들 간의 결속이 민중 봉기로 연결될 가능성도 있었으며, 다이묘들이 선교사들의 배후에 있는 스페인, 포르투갈과의 무역을 통해 부를 축적하여 세력을 키울 우려도 있었다.

이에 따라 도쿠가와 막부는 1614년에 금교령을 발령함과 동시에 148명의 선교사와 신자들을 마카오·마닐라로 추방하고 나가사키 소재 11개의 성당을 파괴하였다. 막부는 가톨릭을 금지하는 추세로부터 급기야는 탄압으로 돌아섰다. 1635년까지 무려 30만 명에 가까운 가톨릭 신자들이 신앙을 지키다가 순교하였다.

1629년 무렵부터 신자 적발에 후미에(踏み繪)라는 악랄한 방법을 사용했다. 이는 나가사키의 부교 미즈노 모리노부(水野守信)가 고안한 것으로 숨어 있는 신자를 잡아내기 위하여 가톨릭 신자로 의심되는 사람에게 예수상이나 마리아상을 새겨 놓은 목제 또는 금석판을 밟도록 했다. 만약 밟기를 거부하거나 머뭇거리는 사람은 신자로 보고 처벌했다. 1858년 미일 통상조약 체결로 폐지될 때까지 일본 가톨릭 탄압의 상징인 후미에는 계속되었다.

막부는 현상금을 걸고 가톨릭 신자들 색출에 혈안이 되었다. 신도들은 불단을 차려 놓거나 조왕신을 장식해 놓아 신앙을 포기한 것처럼 꾸몄다. 그러나 이것은 눈속임일 뿐이었다. 돌이나 흙벽 속에 가재 등을 감추는 난도(納戶)를 만들어 평소에는 여기에 예수와 마리아상을 숨겨 두고 기도할 때만 꺼내 사용했다. 난도마저 만들 수 없을 때는 메달이나 동판에 예수상을 새겨서 이를 숨겨가며 신앙을 지켰다. 이와 같은 부류의 신자들을 '가쿠레 기리시탄' 즉, '숨어 있는 신자'라고 하였다.

1853년 미국의 페리 제독의 내항으로 촉발된 일본의 개국에 따라 막부의 금교 정책은 느슨해졌고 메이지 시대에 들어서면서부터는 금교 정책도 풀리고, 1873년 금교령이 철폐되어 가톨릭 신자로서 공공연하게 신앙생활을 할 수 있게 되었다. 그럼에도 불구하고 '가쿠레 기리시탄'은 교회로 돌아오지 않았다. 조상들이 목숨 걸고 지켜온 신앙을 계승하는 것이 자식 된 도리라는 윤리관, 탄압의 시기에 공생관계를 유지한 사원에 대한 의리감 등으로 '가쿠레 기리시탄'으로 남아있다고 한다. 현재 나가사키현의 이키쓰키(生月), 고토(五島) 등에 살면서 '가쿠레 기리시탄'의 후손으로 조상들의 신앙을 고수하는 신자도 상당수 있다.

2018년 250년간의 금교령하에서 선교사도 없이 신자들이 공동체를 유지하면서 신앙을 지키기 위해 창출한 삶의 독특한 방식 등이 평가되어 〈나가사키와 아마쿠사 지방의 잠복 기리시탄 관련 유산〉이 세계문화유산으로 등록되었다.

일본 소년사절단,
유럽 순방

일본과 로마교황청 간의 관계는 1549년 8월 15일 예수회 선교사 프란시스코 하비에르가 가고시마에 상륙한 데서 비롯되었다. 하비에르의 일본 체류는 불과 2년 3개월에 불과하였지만, 그가 뿌린 선교의 씨앗은 그의 사후 30년 후인 1582년 이탈리아인 알레산드로 발리냐노(Alessandro Valignano) 선교사에 의한 소년사절단의 로마 파견으로 결실을 맺게 된다.

예수회 발리냐노 선교사는 동인도 관구의 순찰사에 임명되어 1579년 7월에 시마바라 남단의 구치노쓰(口之津)항에 입항하여 1582년 2월까지 일본에 체류하였다. 그는 체일 중에 군웅할거시대의 일본에 있어 최강의 실력자로 부상한 오다 노부나가를 알현하는 등 다이묘들에 대한 포교 활동을 적극적으로 전개하였다. 또한 일본인 사제 육성을 위한 세미나리오(소신학교), 콜레지오(대신학교), 노비샤도(수련원)를 설립하였다. 세미나리오는 기숙사가 딸린 7년제의 초급 신학교로 일본인 사제 38명은 거의 다 이곳 출신이었다.

발리냐노는 선교사들로 하여금 유럽 가톨릭의 관습에 얽매이지 말고, 일본 문화에 자신들을 적응시켜 가면서 포교 활동을 하여야 한다는 '적응주의'라는 방법을 취하도록 했다. 이 같은 예수회의 현지 적응주의 방침은 중국 포교에서 조상숭배 특히 제사를 용인했으나 프란치스코회, 도미니코회 선교사들은 이에 맹반대하여 가톨릭 내부의 대립이 격화되어 로마교황청은 1773년에 예수회를 해산시키고 말았다.

발리냐노 사제는 규슈의 기리시탄 다이묘인 오무라 스미다타와 아리마 하루노부(有馬晴信)에게 세미나리오 출신의 소년사절단을 다이묘 대리로 로마 교황에게 파견하도록 권유하였다. 이에 따라 이토 만쇼, 치지와 미르겔, 하라 마르치노, 나카우라 줄리안 등 4명으로 구성된 사절단이 파견되었다. 소년사절단은 덴쇼(天正) 10년, 즉 1582년 2월에 발리냐노 사제와 함께 포르투갈 배로 나가사키를 출항하여 유럽 방문길에 올랐다. 출발 당시 14세 안팎의 소년들은 아리마 세미나리오 제1기생들이었다.

발리냐노 사제가 사절단 파견을 추진한 의도는 일본인으로 하여

금 유럽 가톨릭의 권위와 문화를 직접 체험케 하고, 귀국 후 그들의 견문담이 일본 전국에 널리 퍼져 선교에 긍정적인 영향을 파급시키려고 한 것이었다. 또한 서구 세계에 일본에서 가톨릭이 점차 퍼져가고 있음을 알리는 한편 교황청에는 자신이 일본의 최고 실력자인 오다 노부나가를 면담한 사실 등을 과시하고 싶었던 것이다. 나아가 일본에서의 예수회 활동의 실적을 부각시킴으로써 일본 교회에 대한 교황의 물심양면 지원을 확보하려는 목적도 있었다.

소년사절단은 당시 스페인·포르투갈 병합국의 국왕으로 당대 세계의 제해권을 장악하여 '세계의 제왕'이라고 칭해지던 펠리페 2세(Felipe Ⅱ, 재위 1566~1598)를 1584년 11월 마드리드에서 알현하였다. 이어 로마로 이동하여 교황 그레고리오 13세(Gregorius XIII, 재위 1572~1585)를 배알하는 기회를 얻었다. 1585년 3월 23일, 83세의 그레고리오 13세는 추기경들이 지켜보는 가운데 지구 반대편에서 온 동양의 진객들을 자애로운 미소로 맞이했다.

나카우라 줄리안은 교황의 알현 의식에 고열로 참석할 수 없게 되었으나 교황청은 교황을 별도로 알현할 수 있는 자리를 마련해 주었다. 교황은 주치의까지 보내주고 격려해 주었다. 이와 같은 교황의 따뜻한 마음에 감동하여 줄리안은 후에 순교자의 길을 택했던 것일까. 안타깝게도 그레고리오 교황은 소년사절단과 회견한 지 불과 보름쯤 지난 4월 10일에 갑자기 소천하였다.

새로운 교황 식스토 5세(Sixtus V)도 즉위 2일 후에 사절단을 면담하고 교황 즉위 대관식에 참례하는 영예를 베풀었다. 역설적으로 교황 즉위식에 동양의 귀공자들을 참례시킴으로써 지명도가 낮은

새 교황은 로마 시민들의 관심을 받게 되었다.

소년들이 교황과 스페인 국왕을 알현할 수 있었던 배경에는 인솔자인 발리냐노 사제가, 일개 영주의 먼 친척뻘에 지나지 않은 소년들을 일본 황실의 귀공자로 둔갑시켰던 때문이었다. 이 같은 신분 포장에 대해 예수회 베드로 라몬 신부는 "소년들은 다이묘의 특사에 걸맞은 신분이 아닌데도 마치 귀족의 후예처럼 대우하는 것은 실로 괴이한 일이다."라고 예수회 본부에 고발한 기록이 있다. 파견사절을 집권자의 측근으로 꾸미는 것은 동서고금을 막론한 외교상의 상투적인 수법이다.

소년사절단은 방문하는 곳곳에서 대환영을 받았으며, 유럽 각국에 일본이 문명국이라는 사실을 인식시켰다. 이들의 여행 중에 소년사절에 관한 책이 유럽에서 40여 종이나 출판되었다. 특히 로마에서는 자자손손 로마의 시민으로 대우하겠다고 했다.

교토와 에도도 구경하지 못한 시골의 소년들이 장장 8년여의 유럽 순방을 무사히 마치고 건장한 청년의 모습으로 1590년 7월에 활자 인쇄기 등을 짊어지고 귀국하였다. 일본 역사에서는 덴쇼 10년에 출국하여 덴쇼 18년에 귀국, 즉 덴쇼 연간에 파견된 사절이라 하여 덴쇼사절단이라 한다.

1591년 3월, 발리냐노 사제와 이토 만쇼 등은 교토의 주라쿠테이(聚樂第)에서 도요토미 히데요시를 배알하였다. 히데요시는 이토 만쇼를 가신으로 삼고 싶다고 했으나 만쇼는 오랫동안 자기를 보살펴 준 발리냐노 신부에 대한 의리를 저버릴 수 없다면서 완곡히 이를 거절했다. 그러나 히데요시는 다음 날 또다시 만쇼의 의향을 타진했지만 그는 예수회의 신부로서 일생을 마칠 결심을 했다며 그의 제의를 정중하게 거절하였다. 일본 제일의 권력자의 요청을 두 번씩이나 사양한 것은 아무나 흉내 낼 수 없는 일이다.

그때의 통역은 '일본어의 달인'으로 평판이 높은 로드리게스였다. 히데요시는 일본식의 예의 작법이 몸에 밴 로드리게스가 기특해 보였고, 높은 일본어 수준에 경탄하였다. 히데요시는 로드리게스를 예정보다 수일간 더 교토에 머물게 하고 때때로 그를 불러 담소를 하여 주위를 놀라게 하였다.

이들이 해외에 나가있는 동안 세상은 엄청나게 변하였다. 가톨릭에 호의적이던 오다 노부나가는 소년들이 나가사키를 출발한 직후인 1582년 6월에 교토의 혼노사(本能寺)에서 부하의 습격을 받아 자해하였고, 오무라, 오토모 영주도 각각 저세상 사람이 되었다. 오다 노부나가의 사후에 천하를 손에 넣은 도요토미 히데요시는 가톨릭을 금지하는 정책을 폈다. 따라서 귀국한 소년 사절들이 일본에서의 포교 활동을 할 수 없었다. 그러나 일본인으로서 최초로 유럽에 건너가 당대 세계의 지도자들과 주눅 들지 않고 당당히 회견한 그들의 역할은 문화·종교상 획기적인 사건으로 기억되고 있다.

이토 만쇼는 마카오에서 신학을 공부한 후 사제로서 활발한 포교 활동을 하다 40세로 병사하였다. 하라 마르치노는 마카오로 추방되어 그곳에서 병사하였다. 막부의 금교령으로 1614년 선교사의 국외퇴거의 배가 나가사키에서 출항했으나 나카우라 줄리안은 승선하지 않고 일본에 그대로 남아 '잠복 사제'로서 활동하다가 체포되었다. 그는 1633년 10월 18일 나가사키에서 거꾸로 매달려 순교하였다. 4명의 사절 중 배교자가 한 명 나왔다. 치지와 미르겔, 그는 귀국 후 10년 후에 예수회를 탈퇴하여 불교로 개종하여 오무라의 가톨릭 신자 추방에도 협력했다. 그러나 결국 오무라에서 쫓겨나 나가사키에서 쓸쓸하게 생을 마감했다.

사절단이 귀국한 지 10여 년 후, 1613년에 센다이번의 다테 마사무네(伊達政宗) 다이묘도 통상교섭을 위한 대규모 사절단을 스페인 선교사 루이스 소텔을 안내역으로 하여 스페인과 로마교황청에 파견했다. 하세쿠라 쓰네나가(支倉常長) 단장은 로마 교황 바오로 5세, 스페인 국왕 펠리페 3세를 각각 알현하였다. 그러나 통상교섭에는 아무런 성과를 거두지 못하고 1620년에 귀국했다. 당시 일본에는 그리스도교 금지령이 실시되어 신자들을 처형하는 상황이라 하세쿠라는 실의에 빠져 귀국 2년 후에 타계하고 말았다.

순교의 언덕, 니시자카

1596년 늦가을, 필리핀 마닐라에서 출항하여 멕시코로 항해하던 스페인의 선박 산 펠리페(San Felipe)호가 폭풍우로 파손되어 현재의 고치현의 우라도(浦戶)항에 입항하였다. 도요토미 히데요시는 선적화물을 전부 몰수하도록 했다. 그때 항해장이 '선교사들은 영토 정복의 앞잡이'라는 의미의 말을 했다고 한 것이 히데요시의 귀에 들어갔다.

히데요시는 1596년 12월 교토와 오사카에서 프란치스코회 소속 신부와 선교사 6명, 일본인 수도자 및 신도 등 모두 24명을 체포하여 나가사키로 연행하여 처형하도록 명하였다. 이는 나가사키의 많은 신자들에게 본때를 보임으로써 배교를 유도할 심산이었다.

1597년 1월, 관가에서는 체포한 신부와 신도들의 한쪽 귓불을 베어내어 사람들 앞에서 실컷 망신을 준 다음 8백 킬로미터에 달하는 죽음의 여로로 몰아세웠다. 더러 배를 타기도 했지만 대부분 육로를 맨발로 걸어야 했다. 도중에 일본인 신자 두 명을 붙잡아 순교의 대열에 합류시켰다.

순교의 행렬은 규슈의 가라쓰에서 사형 집행 책임자인 데라사와 한사부로(寺澤半三郎) 성주에게 인계되었다. 데라사와 성주는 24명의 명단에 루도비고 이바라기라는 12세의 소년이 포함되어 있는 것을 보고 마음이 무거워졌다. 손자뻘 되는 아이를 십자가형에 처형해야 하는 게 영 마음이 내키지 않았다. 할 수만 있다면 그 아이의 목숨만은 구해주고 싶었다.

데라사와는 루도비고를 양자로 입양하여 자신의 시동으로 삼는 궁리를 짜내었다. 다행히 히데요시가 정식으로 사형을 명한 자는 24명이었다. 도중에 추가로 포함시킨 두 명이 있기 때문에 루도비고를 사형에서 제외할 여지가 있었던 것이다. 데라사와는 소년을 따로 불러 마음을 떠보았다. 그는 신앙을 지키게 해주면 성주님을 모시겠다고 했다. 데라사와가 신앙을 포기하지 않으면 입양할 수 없다고 하자 루도비고는 시동이 되기보다 천국에 가겠다고 하면서 "성주님도 예수님 믿고 천국에 오세요."라고 당돌하게 대꾸하였다.

한 달 남짓한 여행 끝에 2월 초 마침내 순교의 현장 나가사키역 건너편의 언덕, 니시자카(西坂)에 도착했다. 루도비고는 십자가를 세우고 있는 인부들에게 "제 십자가는 어느 것이에요?" 하고 물었다. 인부들은 어이없다는 표정을 지으며 한쪽에 있는 제일 작은 십자가를 손가락으로 가리켰다. 그러자 그는 자기가 매달릴 십자가로 달려가 십자가 기둥을 껴안고 입을 맞추고 성호를 그었다. 인부들 중에는 손바닥으로 얼굴을 가리고 눈물을 훔쳐내는 이도 있었다.

정유재란의 와중인 1597년 2월 5일 오전, 나가사키역 건너편의 니시자카 언덕에서 프란치스코회 소속 선교사 6명을 포함 26명이 십자가에 매달려 순교하였다. 그런데 기이하게도 예수회 소속 수도사는 한 명도 포함되지 않았다. 아마도 로드리게스 선교사에게 빠진 도요토미 히데요시의 배려로 보인다. 우연하게도 히데요시는 26명이 순교한 다음해에 저세상으로 떠나고 말았다.

이날 혼란을 피하기 위해 나가사키 부교는 백성들에게 외출금지령을 내렸으나 4천여 명의 사람들이 몰려들었다. 루도비고는 신앙을 버리면 십자가에서 당장 내려주겠다는 관원의 꾐에도 고개를 절레절레 흔들며 "찬양하여라, 주님의 종들아, 찬양하여라, 주님의 이름을" 노래하는 가운데 숨이 끊어졌다.

예수회 일본인 수도사 바오로 미키는 예수님과 같은 33세의 나이에 순교하는 것을 영광스럽게 받아들이고 마지막 순간까지 군중들을 향해 전도의 목소리를 멈추지 않았다. 2019년 11월 이곳을 방문한 프란치스코 교황은 4번이나 바오로 미키에 대해 언급하여 각별한 관심을 표명했다. 예수회 출신 최초의 교황으로서는 예수회 대선배인 미키의 순교가 특별한 의미로 여겨졌을 터이다.

이들은 일본 최초의 순교자들이었다. 그 이후에도 6백 명 이상의 신도들이 이곳 니시자카에서 처형되었다. 당시 성당이 즐비하고 선교사들이 오가고, '소로마'로 불리던 나가사키에서 일어난 참극이었다. 처참한 박해와 순교 역사의 첫 페이지였다. 처형으로부터 265년이 경과한 1862년 6월 8일에 교황 비오 9세에 의해 이들 26명의 순교자들은 모두 성인으로 시성되었다. 한국 천주교에서는 해마다 2월 5일 전후로 '성 바오로 미키와 동료 순교자들을 위한 기념일'을 설정하여 묵상하고 있다.

그 후 니시자카에서는 가톨릭 신자에 대한 처형이 계속되었다. 시대가 내려감에 따라 신자들을 개종시키기 위하여 가해지는 박해

26성인의 동상이 새겨져 있는 기념비

는 참혹하기 짝이 없을 정도였다. 니시자카 일대에서 70년간에 걸쳐 6백여 명이 순교하였다. 현재 전 국토의 1%의 면적 밖에 안 되는 나가사키현에 전국 가톨릭교회의 10% 이상에 해당하는 130여 개의 교회가 활동 중인 것은 순교자의 피의 열매라고 할 것이다.

순교의 현장에 기념관을 건립하자는 운동이 마침내 결실을 맺게 되었다. 1962년 니시자카 보존회와 예수회는 26성인 시성 1백 주년을 기념하여 '순교의 언덕'에 기념비와 자료관을 건립하였다. 화강암 기념비의 좌대에 26성인의 동상이 새겨져 있다. 이 동상의 조각은 근대 조각의 거장인 후나코시 야스타케(船越保武)가 약 4년간에 걸쳐 제작한 것이다.

철근 콘크리트 3층의 자료관은 일본 신자 등의 기부와 외국 순교자의 고국인 스페인과 멕시코의 지원으로 건립되었다. 자료에는 일본 가톨릭 역사의 흐름을 보여주는 유물과 하비에르 신부의 친필 서한 등이 소장되어 있다. 또한 한국에서는 볼 수 없는 마리아 관음상과 후미에도 볼 수 있다.

한편 순교 사건을 촉발시킨 산 펠리페호는 히데요시의 허가를 받아 수리를 마치고 1597년 4월에 우라도항을 출항하여 5월에 무사히 마닐라에 도착할 수 있었다. 종교와 무역을 분리하려는 히데요시의 정책이 반영된 것이라 하겠다.

기리시탄·농민의
시마바라의 난

시마바라의 난(島原亂)은 1637년 10월 하순부터 다음해 2월 하순에 걸쳐 규슈 남부 시마바라와 아마쿠사(天草)에서 영주의 학정과 가톨릭 신도에 대한 박해에 항거하여 농민과 가톨릭 신자들이 일으킨 일본 역사상 최대 규모의 반란이다. 시마바라·아마쿠사의 난이라고도 한다.

시마바라와 아마쿠사는 본래 기리시탄 다이묘인 아리마씨(有馬氏)와 고니시씨(小西氏)의 영지로서 주민의 대다수가 가톨릭이었다. 특히 아마쿠사섬 전체의 인구 3만 명 중 2만 명 이상이 신자였으며, 이들은 비밀조직을 통해 서로 연결되어 있었다. 6월에 시마바라에서 기리시탄 임산부의 고문치사 사건이 발생하여 신자들을 격분케 하였다. 뿐만이 아니라 집을 지으면 건축세, 선반을 만들면 선반세, 창문을 만들면 창문세, 아이를 출산하면 인두세 등 백성에 대한 착취가 극을 달했다.

당시 도쿠가와 이에미쓰 쇼군은 도요토미 히데요시의 가톨릭 선교금지 정책인 금교정책을 답습하여 다이묘들에게 가톨릭 신자에 대한 수색 및 단속 강화, 가톨릭 관계 서적 수입 금지 등을 지시하고 가톨릭 신자를 박해하였다. 흉작과 기근, 가렴주구의 학정과 종교적 탄압이 계속되는 가운데 제철이 아닌데도 벚꽃이 피고 아침놀과 저녁놀이 유난히 붉어지는 이변 등이 일어나자 궁핍에 찌든 농민들 사이에 구세주가 나타나 자신들을 구해 줄 것이라는 유언비어가 빠르게 퍼져 나갔다.

마침 아마쿠사에 마스다 시로 도키사다(益田四郎時貞, 1621~1638)라는 아주 영리하고 신앙심이 깊은 소년이 있었다. 포르투갈의 도아르테 코레아(Duarte Correa) 선교사의 서한에 의하면 시로도키사다는 나가사키에서 세례를 받았으며 그의 세례명은 제로니모라고 한다. 그는 바다 위를 걷고, 손을 쥐었다 펴면 손바닥에 달걀이 생기게 하는 기적을 행하였다고 한다. 사람들은 그를 아마쿠사 시로(天草四郎)라 부르며 시로야말로 자신들이 기다리던 구세주라고 믿었다.

아마쿠사 시로의 상상도

1637년 10월 말 시마바라와 아마쿠사에서 2만 4천여 명의 기리시탄·농민들이 아마쿠사 시로를 앞세워 무장봉기하였다. 그들은 십자가를 그려 넣은 군기를 내걸고 "죽어도, 살아도 데우스(Deus; 천제)의 영광을 위하여"를 외치며 시마바라성을 공격했으나 함락에 실패하고 하라성(原城)으로 도주하여 농성에 들어갔다. 11월 아마쿠사에서 일어난 봉기 세력도 합세하여 반군은 총 3만 7천여 명으로 늘어났다. 당시 반란군의 총대장 노릇을 하였다고 하는 아마쿠사 시로는 스무 살이 채 안 된 소년이었기에 작전의 실질적인 지휘자는 시로의 아버지 마스다 진베에였다는 설이 전해지고 있다.

반란군의 지도자들은 마카오에 거점을 둔 포르투갈의 원군을 기대하고 '지원군이 곧 도착할 것'이라는 소문을 퍼뜨리며 농성 중인 신자와 농민들을 고무시키는 일종의 심리전을 전개하였다. 막부군도 이에 맞서 심리전을 전개하였다. 남편과 아들에게 농성을 풀도록 호소하는 시로 어머니의 편지를 화살에 매달아 성안으로 수십 발 쏘아 댔지만 허사로 끝나고 말았다.

막부는 사태의 심각성을 인식하고 규슈 전 지역의 번에 출동명령을 내리고 네덜란드 히라도 상관에 지원을 요청하였다. 1637년 당시 회사 전체의 총이익 가운데 히라도 상관이 차지하는 비율이 70% 이상을 차지하고 있었던 관계로 네덜란드 상관은 반군 진압 요청을 받아들일 수밖에 없었다.

니콜라스 쿠케바케르 상관장은 80여 명의 승무원과 함께 대포 15문을 적재한 라이푸호를 이끌고 시마바라로 왔다. 해상에서 포격을 개시하고 또한 포를 육상으로 옮겨 2주간에 걸쳐 4백여 발을 발사했다. 치명적인 타격은 가하지 못했으나 봉기군의 사기를 떨어뜨리는 데 한몫을 하였다.

한편 네덜란드 상관 이외에도 나가사키의 도진야시키의 중국인들도 반란 진압에 참가하여 성곽 폭파를 시도했으나 실패로 끝나고 말았다. 네덜란드와 중국이 반란 진압에 가세한 데 대해 국내외로부터 비난이 거세지자 막부는 네덜란드 함대를 철수시켜야 했다. 쿠케바케르 상관장은 민란이 진압된 직후의 일기에 막부가 반란 진압을 네덜란드 상관에 요청한 이유는 군사적 목적 이외에 '신교국인 네덜란드가 가톨릭 신자의 반란군을 향해 포격을 가할 수 있는가'를 테스트해 볼 속셈이었다고 기록하고 있다. 실제로 막부는 시마바라의 난 이후 네덜란드를 재인식하는 한편 가톨릭 국가인 포르투갈에 대해서는 시마바라의 난 진압 다음해인 1639년 포르투갈선의 일본 내항 금지 조치를 취하였다.

막부군은 1638년 2월 말에 총 십만여 명의 병력으로 총공격을 개시하여 하라성을 함락하고 농성 중이던 반군 3만 명 가까이를 학살함으로써 4개월에 걸친 봉기는 진압되었다. 막부는 반군의 지도자 아마쿠사 시로의 목을, 포르투갈 상관이 있던 데지마 다리에 효수하였다. 이는 막부의 포르투갈, 스페인 등의 구교 세력에 대한 일종의 경고였다. 시마바라의 난은 평정되었으나 막부도 전사자 2천여 명, 부상자 1만여 명이 넘는 피해를 입었다.

시마바라의 봉기는 막부로 하여금 신앙의 무서움과 죽음을 불사하는 가톨릭 신자들의 결속은 막부의 안정에 위협적이라는 사실을 터득하게 하였다. 사태 진압 후 막부는 민란을 야기시킨 시마바라 영주와 아마쿠사 영주를 처벌하였다. 즉 시마바라 영주 마쓰쿠라 가쓰이에(松倉勝家)는 영지를 몰수당하고 참수형에 처해졌다. 이는 도쿠가와 막부 265년간 영주가 할복자살이 아닌 참수형에 처해진 유일무이한 예이다. 아마쿠사 영주 데라자와 가타다카(寺澤堅高)는 영지를 몰수당하고 자살하여 그의 가문은 단절되고 말았다. 한편 시마바라의 난을 평정한 마쓰다이라 노부쓰나(松平信綱, 1596~1662)는 현재 도쿄 부근의 무사시노쿠니의 가와고에번의 영주로 발탁되었고 2만 6천 석의 봉록이 7만 5천 석으로 대폭 늘었다. 그는 막부 창업의 기초를 다짐 인물로 기록되고 있다.

막부는 금교정책을 한층 강화함과 동시에 기리시탄을 더욱 철저

히 색출하는 등 쇄국 체제의 완비에 박차를 가하게 된다. 근세 쇄국하에 가톨릭은 완전히 금기시되었고, 반면 막부는 단카 제도(檀家制度; 일정한 절에 묘지를 갖고 그 절에 시주를 함)와 데라우케 제도(寺請け制度; 시주를 받치는 절에서 불자임을 증명함) 등을 통하여 주민과 불교를 더욱 유착시키는 정책을 추진하였다.

시마바라 봉기의 기억은 세월과 더불어 풍화되고 있다. 오늘날 시마바라는 화산과 온천의 자원을 활용한 관광도시로 주목받고 있다. 한편 아마쿠사 시로가 군자금으로 쓰려고 감추어 두었다는 '아마쿠사 골드'의 전설에 혹하여 일확천금의 요행수를 노리고 이곳을 들락거리는 무리도 있다고 한다.

해외로 팔려간 가라유키상

시마바라반도의 남쪽 끝에 위치한 구치노쓰항은 기리시탄 다이묘로 유명한 아리마 요시사다(有馬義貞, 세례명 안드레스)에 의해 1562년에 무역항으로 개항되었다. 이듬해 예수회 선교사 알메이다(Luis de Almeida)가 내항하여 포교 활동을 시작하였다. 그 후 구치노쓰에서 일본 전 지역에서 활동 중인 선교사들의 회의가 개최되고, 1500년대 중반 5회에 걸쳐 7척의 포루투갈선이 내항하는 등 구치노쓰항은 포교와 남만무역의 중심지로서 성가를 높였다.

1580년대에 나가사키가 포교의 중심지로 부상하자 구치노쓰항은 쇠퇴를 면치 못하였다가 메이지 유신으로 활기를 되찾게 되었다. 1871년 메이지 정부가 구치노쓰항을 미이케(三池) 탄광의 석탄 수출항으로 지정하자 번영의 시대가 재래하였다. 석탄뿐만이 아니라 '가라유키상'도 실어 나르기 시작하였다. 배에 석탄을 싣는 틈을 타서 여자들이 몰래 타기도 하였다. 홍콩으로 출항하는 노르웨이 선박에 숨어든 10명의 여성들이 체포된 적도 있었다.

'가라유키(唐行き)'는 1868년 메이지 이래 1930년대 초까지 규슈의 북부에서 사용되던 어휘로 '가라(唐)로 돈을 벌러 간다'는 의미였다. 원래 '가라'란 당나라, 중국을 의미하는 것이었으나, 점차 외국을 가리키는 의미로 확대되었다. 일반적으로 '가라유키'에 접미어 '상(さん)'을 붙여 '가라유키상(唐行きさん)'이라고 부르고, 바다 건너로 웃음을 팔러 가는 여자들을 지칭하게 되었다.

어두운 해변의 선착장
전송해 주는 건 파도뿐
팔려 가는 가라유키상
마음 하나에 나를 맡기고
먼 보르네오 여로의 끝

1937년에 제작된 영화 〈가라유키상〉의 주제가 일부이다.

먹물깨나 먹은 사람들은 가라유키상을 낭자군(娘子軍)이라 불렀다. 2018년 평창 동계올림픽 때 3천 미터 여자 계주에서 금메달을 획득하는 쾌거를 보도하는 아나운서가 '태극 낭자군'이라고 연발한 것을 듣고 고소를 금치 못했다.

1871년 청일 수호조약이 체결되어 양국 간의 무역이 활성화되자 상하이나 홍콩을 경유하여 남양군도로 돈벌이 가는 가라유키상이 증가하였다. 남양군도는 태평양 서부의 적도 이북에 위치한 팔라우, 마샬제도 등의 지역을 말한다. 남양 도처에 일본인의 사창가가 불야성을 이루었다. 인신 매매업자들이 농어촌의 가난한 집의 처자들을, 석탄 수송선 맨 아래 칸의 캄캄한 선창에 몰래 태워서 싱가포르, 필리핀 등의 일본인 유곽으로 팔아넘겼다. 19세기 말 구미 열강의 식민지였던 동남아 지역에는, 항만, 도로, 철도, 광산 등의 개발이 한창이어서 각국으로부터 많은 노동자들이 몰려와 있어서 여자들의 서비스 수요가 많았다.

규슈에서는 나가사키의 다다 가메요시(多田龜吉) 패거리들이 가라유키상의 모집, 매매 등을 장악하고 있었다. 가메요시는 마닐라를 향한 밀항선에서 자신의 말을 듣지 않은 여성을 성폭행한 뒤 교살하여 시체를 바다에 내던져버리기도 하였다. 그는 1907년 봄 밀항 중에 피해를 입은 여성 여덟 명으로부터 고소를 당한 적이 있다. 그러나 나가사키 지방재판소는 증거 불충분으로 불기소 처분을 내렸다. 그는 그 후 시베리아로 건너가 비명횡사했다고 전해지고 있다.

한밤중에 여자들이 승선할 무렵에는 으레 산불이 나 한바탕 소동이 벌어졌다. 업자들이 밀항을 단속하는 경찰관들의 주의를 돌리기 위해 불을 지르고 그 틈을 이용하여 가라유키상을 배에 태우는 수법이었다. 1908년 미이케 신항이 건설되자 석탄 적재는 구치노쓰항으로부터 미이케항으로 변경되었고, 가라유키상의 출항도 자연

사이공(현 호치민시) 거주의 가라유키상.
프랑스령 인도차이나의 우표와 사이공 스탬프가 찍혀 있다.

히 나가사키나 후쿠오카의 모지(門司)항으로 옮겨지게 되었다. 구치노쓰항은 다시 휴면기로 접어들었다.

1905년 11월 남양군도의 가라유키상은 약 6천 명으로 전성기를 이루었으나 국제적으로 인신매매에 대한 비판이 높아졌고 일본 국내에서도 가라유키상의 존재는 '국가의 수치'라는 비난이 거세졌다. 영령 말레이시아 일본 영사관은 1920년에 일본인 창부 추방을 선언했고, 마침내는 해외에 있던 일본인 유곽은 모습을 감추게 되었다.

가라유키상의 대부분은 고향에 돌아오지 못하고 이국의 흙이 되었다. 그들의 유일한 즐거움은 한 푼, 두 푼 모은 돈을 고향에 송금하는 것이었다. 그중에는 서양 사람의 첩이 된 사람도 있고, 운이 좋으면 현지인과 결혼한 경우도 있었다. 그들은 가난한 고향집으로 돌아와도 살길이 없어 또다시 나가기도 했다.

구치노쓰에서 멀지 않은 미나토미치초(湊道町)에 있는 리쇼인(理性院) 절에 팔각형의 가라유키상 진혼탑이 높이 솟아 있다. 이 절의 히로타 주지가 1906년 인도 순례를 마치고 귀국하는 길에 동남아에 들러 가라유키상들을 만나 위로하고, 이미 세상을 떠난 이들을 위해서는 명복을 비는 제를 올려주었다고 한다. 그들은 감격하여 눈물을 흘리며 상당한 금액을 시주하였다. 주지는 귀국하여 이 정재(淨財)로 1910년에 진혼탑을 건립하였다. 탑 주위 나지막한 돌기둥에는 이름, 만난 장소, 금액 등이 새겨져 있다.

이 탑은 가라유키상의 진혼탑인 동시에 그들의 슬픈 역사를 후세에 전해 주는 유일한 상징물이다. 한편 시내에는 '남만선 내항지'라는 기념비가 그리고 해안에는 '기독교인 묘비'가 세워져 있어 무역항과 선교사 내항지였다는 역사의 편린을 전해주고 있다.

본 토픽은 후쿠오카에 거주하는 모리사키 가즈에(森崎和江) 시인의 『가라유키상』을 배화여자대학 채경희 교수가 2002년 10월 번역, 출판한 『쇠사슬의 바다』를 참고한 것임을 밝혀둔다. 필자는 후쿠오카 총영사로 근무하던 1998년 가을, 70대 초반의 모리사키 가즈에 시인을 처음 만나 식사를 하며 두 시간 남짓 이야기를 나누었다. 그때 저서 『가라유키상』(1976)을 받은 것이 계기가 되어 가라유키에 대해 관심을 갖게 되었다.

쑨원과 우메야 쇼키치의 우정

쑨원(孫文)은 12세 무렵에 미국 하와이로 이민을 가서 사업에 성공한 큰형 쑨메이를 찾아 미국으로 간다. 그는 하와이에서 이올라니 학교(Iolani School)와 오아후 칼리지(Oahu College)를 졸업했다. 쑨원은 영어를 배우면서 미국 문화와 기독교에 빠지게 된다. 이에 동생의 장래를 걱정한 형이 쑨원을 귀국시킨다. 쑨원은 5년간의 하와이 생활을 통해 익힌 영어와 기초 과학지식을 바탕으로 하여 홍콩대학 의학부에 진학하여 의사가 되었다. 그가 처음으로 개업한 곳이 마카오였고 그의 병원 경조의원(鏡潮醫院) 간판은 지금도 마카오에 남아 있다고 한다.

쑨원은 1894년 청일전쟁이 발발하자 북양대신 리홍장에게 혁명이 필요하다는 의견서를 보냈으나 별다른 반응을 얻지 못했다. 이에 그는 무력혁명 이외의 방법은 없다고 판단하고 1894년 11월에 하와이로 건너가 최초의 혁명단체인 흥중회(興中會)를 조직하였다. 1895년 4월 17일 청일전쟁에서 패배한 중국이 일본에 타이완 등을 할양하고 배상금 2억 냥(일본의 2년간의 예산에 상당하는 약 3억 엔)의 지불 등을 주요 내용으로 하는 시모노세키 조약이 조인되자 그는 본격적인 무력 봉기에 나서게 되었다.

어느 날 쑨원은 은사 제임스 컨트리 박사에게 자신은 의사를 하고 있으나 사실은 중국의 병을 고치고 싶다는 속내를 털어놓은 적이 있다. 컨트리 박사는 1895년 봄에 그에게 우메야 쇼키치(梅屋庄吉)를 소개하여 주었다. 우메야는 나가사키 출신으로 15세 때 상하이로 밀항한 이력도 있는 별난 청년이었다. 후에 미곡 투기에 실패하고 싱가포르로 도망간 후 고향사람에게 사진 기술을 배워 홍콩으로 이주, 1895년에 '우메야사진관'을 개업하였다.

쑨원과 우메야는 처음 만났지만 곧 의기투합하였다. 쑨원이 우메야에게 중국 개혁을 위해서는 혁명의 불가피성을 역설한 데 대해 우메야는 공감을 표시하고 "당신이 병(兵)을 일으키면, 나는 재(財)를 일으켜 돕겠소." 하고 그와 굳게 악수했다. 쑨원 29세, 우메야 26세.

우메야는 홍콩으로부터 귀국한 후 도쿄에서 활동사진의 배급·제작 회사인 'M·파테'를 설립하여 다큐멘터리를 제작하여 남극 탐험과 신해혁명의 동정을 수록했다. 이어 독자적인 영화 회사도 설립하여 '일본 영화의 창시자'로 불린다. 상업과 영화 사업으로 부를 축적한 우메야는 쑨원에게 물심양면의 지원을 아끼지 않았다. 쑨원이 혁명에 실패하여 9년간 일본에 체류하였을 때도 우메야가 뒷바라지를 다했다. 2010년 10월 15일 자 『요미우리신문』 특집기사에 의하면 우메야가 쑨원에게 제공한 혁명자금이 2010년 기준으로 자그마치 2조 엔에 달하는 천문학적 금액이다.

엄청난 지원을 하면서도 쑨원의 일에 대해 간여하는 언동을 일체 삼간 우메야가 한 가지 충고를 했다. 서양식 교육을 받은 쑨원은 휘호 쓰는 것을 달갑게 여기지 않았다. 우메야는 그에게 "귀하는 장차 큰 인물이 될 사람이니 자기 나름의 개성 있는 글씨체를 익히는 것이 필요하다."고 했다. 쑨원은 우메야의 우정 어린 충고를 받아들여 휘호 쓰는 데 상당한 시간을 쏟았다. 그 후 혁명자금을 지원하는 개인이나 단체에 반드시 친필로 휘호를 써서 감사를 표하자 받는

우메야 쇼키치 부부와
쑨원(중앙 쑨원)

사람들이 모두 감지덕지했다. 특히 일본인들은 예나 지금이나 상대의 국적을 가리지 않고 사회적 명사들에게 한 자 받는 것을 자랑스럽게 생각한다.

저명한 인사와의 만찬 회동이 있으면 주최 측에서 시키시(色紙; 가장자리를 금색 선으로 장식한 두꺼운 네모의 종이)를 사전에 준비해 두었다가 차를 마실 무렵에 주빈에게 한 자 적어 줄 것을 청하여 받고 이를 소중하게 보관한다. 후쿠오카에 부임하여 신임인사차 규슈대학 총장을 방문했을 때, 총장실 벽에 '학도애인 쑨원(學道愛人 孫文)'이라는 휘호가 걸려 있는 것을 본 적이 있다. 길이가 1미터는 넘어 보였다. 스기오카 요이치 총장은 쑨원이 1911년 3월 19일 규슈대학을 방문했을 때 쓴 것이라고 하며 대학의 보물이라고 자랑했다.

쑨원은 정식으로 혼인한 부인이 있었다. 그러나 1913년 영어 담당비서로 요코하마에 온 송 씨 세 자매 중 차녀 쏭칭링(宋慶齡)을 보고 한눈에 반했다. 그녀 역시 쑨원의 혁명노선을 따르며 그를 사랑하고 존경하였다. 주위의 반대가 만만치 않았으나 우메야 부부의 적극적인 도움으로 이들은 26세의 나이 차이를 넘어 1915년 10월 25일에 결혼할 수 있었다. 우메야 부부는 이들의 결혼을 축하하기 위해 도쿄의 자택에서 조촐한 결혼 피로연을 베풀어주었다.

쑨원의 사후 우메야는 맹우의 공적을 후세에 남기기 위하여 그의 동상 4개를 만들어 중국에 기증하였다. 문화혁명 기간에 파괴될 뻔했으나 저우언라이 수상이 이를 저지했다고 한다. 현재 난징, 마카오, 광저우 등지에 설치되어 있다. 우메야는 1934년 타계하면서 자신과 쑨원과의 관계, 사진, 기록 등을 일체 외부에 발설하지 말라는 유언을 남겼다. 우메야는 중일전쟁 회피를 위해 활동했던 관계로 매국노 취급을 받은 적이 있어서 가족들은 자료 공개를 피해 왔다. 1972년 중국과 일본 간의 국교 정상화가 이루어진 후에야 조금씩 중국과 일본의 연구자들에게 자료, 사진 등을 공개하고 사본을 제공하기도 했다고 한다.

쑨원은 한때 미국 시민권을 소지하고 있었다. 1904년 4월 7일 미국의 국적 취득을 보여주는 공문서가 2011년 신해혁명 1백 주년을 기념하여 타이베이시 국부기념관과 타이베이 주재 미국 대표부가 타이완에서 공동 개최한 특별전에서 처음으로 공개되었다. 그런데도 중국이나 타이완 언론에서 쑨원을 비난하는 보도는 일체 없었다. 쑨원은 중국 대륙, 타이완 그리고 해외 화교 사회에서 공히 '위대한 혁명의 선구자', '국부'로서 존경을 받고 있다. 중국이나 타이완의 웬만한 대도시에는 예외 없이 중산로, 중산공원이 있다. 중산(中山)은 쑨원이 일본 망명 때 사용했던 호이다. 남북한에서 다 같이 존경받는 인물은? 바로 대답하기가 쉽지 않다.

오페라 〈나비부인〉과 나가사키

라 보엠, 토스카와 함께 푸치니(Giacomo Puccini)의 오페라 3대 걸작의 하나로 꼽히는 〈나비부인〉은 나가사키를 배경으로 죽음과 사랑의 비극적인 내용을 담고 있다. 몰락한 무사 집안 출신인 게이샤가 미국 해군 장교 핑커튼과 사랑에 빠져, 나가사키 항구가 내려다보이는 언덕 위에 자리한 서양식 저택에서 신혼생활을 하고 있다. 그러나 '3년 후에 반드시 돌아오겠다'는 약속을 남기고 핑커튼은 귀국하였다. 그 약속을 믿고 아들과 함께 기다린 3년이 지난 어떤 개인 날, 바다 저 멀리에서 연기 한 줄기가 피어오르고 배가 나타났다. 마침내 기다리던 '그이가 돌아왔나 봐' 하고 기뻐했더니 미국인 부인과 함께였다. 그녀는 절망한 나머지 자살하고 만다.

1904년 2월 17일, 밀라노 스칼라극장에서 오페라 〈나비부인〉이 처음으로 공연되었을 때 관객들이 야유를 퍼부어 1회 상연으로 막을 내리고 말았다. 푸치니는 망신을 당했는데도 포기하지 않고 대폭 손질하여 3개월 후에 다시 무대에 올려 큰 호평을 받았다. 초연으로부터 1백 년이 지난 현재에도 1년 중 반드시 세계의 어디에선가 공연되고 있을 정도로 불후의 명작이 되었다.

로마에 근무할 때 〈나비부인〉을 볼 기회가 있었다. 나가사키 항구 뒤에 후지산이 높이 솟아 있는 장면을 배경으로 열연하는 모습을 보고 혼자 슬그머니 웃음을 참아야 했다. 푸치니는 일본에 와 본 적이 없고 미국인 작가 존 롱(John L. Long)이 1897년에 쓴 소설 『나비부인』에서 아이디어를 얻었다. 존 롱 역시 일본 땅을 밟아 본 적이 없었다. 존 롱의 소설 『나비부인』은 브로드웨이의 프로듀서 벨라스코(David Belasco)가 뮤지컬화하였으며 그리고 이탈리아의 작곡가 푸치니에 의해 명작 오페라 〈나비부인〉으로 완성되었다.

존 롱은 여학교 교장의 부인으로 나가사키에서 거주했던 그의 누나 사라에게 들은 이야기와 피에르 로티의 소설 『국화부인』을 소재로 하여 『국화부인』을 『나비부인』으로 윤색했던 것이다. 한편 존 롱의 누나 사라는 글로버 저택에서 멀지 않은 곳에서 살았던 관계로 가족 간에도 친교가 있었다. 그렇게 오가는 동안 사라는 쓰루와 글로버 부부의 생활을 눈여겨보고 가끔 변호사이자 소설가인 동생 존 롱에게 편지로 이야기해 주었다고 한다. 인도를 사흘 보고 나면 소설 한 권을, 1년 보고 나면 수필 한 편을, 10년 보고 나면 시 한 줄을 쓴다는 우스갯소리 그대로 존 롱은, 실제로 와서 본 것보다는 들은 것이 더 상상력의 날개를 한껏 펼칠 수 있어서 푸치니의 명작 오페라 〈나비부인〉이 탄생한 것이다.

오페라 〈나비부인〉의 모델을 둘러싸고 오랜 동안 여러 이야기가 있었다. 원작자 존 롱은 나가사키에 온 적이 없기 때문이다. 연구자들은 당시에 단도로 자해한 무사 집의 딸을 찾아보았으나 허사였다고 한다. 그중에서 가장 유력시된 여성으로 토머스 글로버의 아내 쓰루(鶴)를 들고 있다. 쓰루는 17세 때 이혼한 남편과의 사이에 태어난 딸을 두고 글로버와 재혼하여 도쿄에서 오페라 〈나비부인〉과는 달리 행복하게 살다가 1899년 55세로 세상을 떴다.

후쿠오카에서 특급 갈매기를 타고 우라카미역(浦上驛)에 도착하면 나가사키 종착역이 멀지 않았음을 알리는 '어떤 개인 날'의 멜로디가 잔잔하게 흐른다. 일부에서는 오페라 〈나비부인〉의 무대가 글로버 정원이라고 하나 이는 근거가 없는, 나가사키의 희망사항이라고 한다. 사실 지금도 누구나 글로버 정원에 올라서서 서서히 항구로 미끄러져 들어오는 배들을 바라보고 있노라면 비극의 여주인공이 항구를 내려다보면서 연인을 기다리는 장면이 절로 연상된다.

1945년 9월 나가사키에 상륙한 미국의 진주군은 글로버 저택을 접수하였다. 이때 미군 병사들이 독특한 서양식 건축과 일본적 양식이 조화를 이루고 있는 글로버 저택을 '나비부인의 집'(Madam Butterfly House)으로 부르기 시작한 데서 〈나비부인〉 무대로 인식된 면이 있다. 한편 나가사키시에서도 관광진흥책으로 이를 활용한 면이 있다. 미군이 철수한 이후에도 관광 안내책자나 잡지에는 'Madam Butterfly House'로 소개하고 있기 때문에 〈나비부인〉 무대로 착각하기 쉽다.

일본에서 오페라 〈나비부인〉의 프리마돈나라고 하면 소프라노 가수 미우라 다마키(三浦環)를 꼽는다. 의학 박사인 남편의 영국 유학에 동반한 다마키는 런던에서 헨리 우드에게 재능을 인정받아

글로버 정원에 있는 미우라 다마키 동상. 나가사키항을 가리키고 있다.

글로버 정원에 있는 푸치니 동상. 하늘을 올려다보고 있다.

1915년 3월에 오페라 하우스에서 일본인으로서 처음으로 나비부인 역을 맡아 갈채를 받았다. 그 후 태평양전쟁 직전 은퇴할 때까지 2천 회 이상 〈나비부인〉의 주역을 맡았다. 다마키는 한국과도 인연이 없는 것이 아니다. 김승열 음악칼럼니스트에 의하면 "1937년 5월 25일 일본 후지와라 오페라단이 내한해 서울 부민관에서 소프라노 미우라 다마키와 테너 김영길을 주인공으로 푸치니의 〈나비부인〉을 초연했다"고 한다. 1920년 미우라 다마키는 푸치니와 감격적인 해후를 한 적이 있다. 다마키의 공연을 보러 온 푸치니는 공연이 끝난 후 분장실로 찾아와 '마담 버터플라이'는 당신을 위해 만들어진 것 같다며 '최고의 프리마돈나'라고 격찬했다. 이튿날, 푸치니는 다마키를 자택에 초청하였다. 그들의 친교는 4년 후에 푸치니가 타계할 때까지 계속되었다.

글로버 정원에는 작은 아이를 데리고 핑커튼이 돌아올 나가사키항을 가리키고 있는 미우라 다마키 동상이 있고 그 옆에는 이탈리아의 푸치니의 탄생지에서 기증한 푸치니의 하얀 대리석상이 하늘을 바라보고 서있다. 1953년 11월, 오페라 〈나비부인〉의 공연이 나가사키에서 처음 공연되었을 때 주연의 소프라노 가수가 홍보를 위해서 글로버 정원에서 항구를 내려다보며 아리아를 한 곡 불렀다.

나가사키시에는 관광진흥책의 일환으로 '마담 버터플라이' 축제를 1년에 한 번 개최하고 그 기간 중에는 오페라 미니 공연, 오페라 관계 자료 전시회 등을 개최한다. 나가사키시는 글로버 정원을 〈나비부인〉의 무대화하려는 노력을 계속하고 있어 머지않아 핑커튼 동상도 세울지 모르겠다.

나가사키 피폭,
운명의 장난인가

1945년 8월 9일 아침 일찍 원자폭탄을 탑재한 B29기가 테니안 섬 기지를 출발하여 투하 목표지인 후쿠오카현의 고쿠라(小倉)로 향했다. 가고시마의 야쿠시마 상공에서 관측기 2기와 합류 예정이었으나 1기가 약속시간에 늦었다. 당초 투하 예정 시각에는 고쿠라 상공은 맑았으나 예정보다 늦게 도착했을 때는 구름과 연기 등으로 목표 지점을 육안으로 인지할 수 없었다. 미군의 보고서에는 '연기'가 자욱했다는 내용이 있다. 이는 '신형 폭탄'이 히로시마에 떨어졌다는 소문을 들은 야하타(八幡)제철소의 노무원들이 콜타르를 태워 연막을 터뜨렸다는 설이 있다. 일본군 고사포의 대공포화가 점점 심해지고 있는데다 연료 부족의 우려도 있어 편대는 제2의 목표 지점인 나가사키로 기수를 돌렸다.

나가사키 상공에도 구름이 다소 끼어 있어 육안으로 목표물을 인지하기에는 어려운 상황이라 레이더에 의한 투하 준비에 들어갔다. 구름이 약간 걷힌 후 고도 약 9,600미터에서 투하된 원자폭탄은, 지상 5백 미터 정도의 우라카미 상공에서 폭발하였다. 1945년 8월 9일 오전 11시 2분이었다.

폭심지에서 불과 5백 미터 정도 밖에 떨어져 있지 않은, 동양 제일을 자랑하던 로마네스크 양식의 우라카미 성당이 순식간에 붕괴하였다. 성당 안에 있던 두 명의 사제와 24명의 신도는 잿더미가 되고 말았다. 원폭으로 우라카미 신도 8,500명이 폭사했다고 한다. 막부의 모진 탄압 속에 가까스로 살아남은 일본 가톨릭 신자들이 역설적으로 그리스도교의 나라 미국의 원폭으로 대량 학살되고 말았다.

나가사키의 원폭 투하에 의한 사망자는 나가사키시 24만 시민 중 약 7만 4천 명, 부상자 약 7만 5천 명으로 추계되고 있다.

1945년 8월 당시의 나가사키 시내 거주 조선인은 약 2만 7천 명, 이 중 1만여 명이 사망했다고 한다. 한편 일본 적십자의 추정에 의하면 히로시마에서의 원폭 투하로 사망자 25만 명, 부상자 15만 명이라고 한다. 사망자 수는 세월과 함께 늘어나고 있으며 최근에도 원폭에 의한 방사능 피해자의 사망률은 원폭을 맞지 않은 동년배 사람들의 사망률을 훨씬 웃돌고 있다.

미국은 당초 원자폭탄을 독일에 사용할 것을 염두에 두고 개발했으나 1945년 5월 독일이 항복함에 따라 투하 대상을 일본으로 바꾸게 되었다는 설이 있다. 그러나 1944년 9월 18일 미국의 뉴욕 하이드 파크에서 행해진 미국 루즈벨트 대통령과 영국 처질 수상 간의 회담에서 일본에 대해 원자폭탄 사용에 대해 의견 일치를 보았다는 비밀각서가 1972년에 공개됨으로써 독일에 대한 원폭 사용 예정설은 설로 끝나고 말았다.

히로시마에는 우라늄형 'little boy', 나가사키에는 플루토늄 농축형 'fat man'이라는 암호명을 붙인 원자폭탄이 각각 투하되었다. 1945년 4월 도쿄의 제1총사령부에 이어 히로시마에 제2총사령부가 설치되었다. 한편 나가사키는 미쓰비시 나가사키 조선소의 세계 최대급의 전함 무사시의 건조, 나가사키 병기 제작소의 어뢰 제조 등 군수공업적 도시 성격이 강했다. 실제로 이곳에서 생산된 어뢰가

1941년 진주만 공격에 사용되었다. 이러한 배경 때문에 원자폭탄 투하의 대상이 되었다고 한다.

일본에서는 8월 15일 정오 천황의 종전조서 라디오 방송 이전에는 원자폭탄을 '신형 폭탄'이라고 불렀으나 방송 이후부터 일본의 언론 매체 등은 원자폭탄이라고 하였다. 항복 선언인데도 천황의 조서에는 '항복'이라는 단어는 안 보이고 다만 전쟁이 끝났다는 '종전'으로 되어 있다. 일본에서는 매년 8월 15일 '종전 기념일' 행사가 거행된다.

8월 6일 히로시마에 원자폭탄 투하 후에 트루먼 대통령은 라디오를 통해 다음과 같이 연설했다. "우리는 사상 최대의 과학적 투기에 20억 달러를 걸었다. 그리고 이겼다. 우리는 일본인이 갖고 있는 모든 생산 능력을 신속하고 확실하게 말살할 수 있다. 만일 그들이 우리의 조건을 수락하지 않으면 그들의 머리 위에는 붕괴의 비가 내릴 것이다." 여기서 말하는 '우리의 조건'이란 포츠담선언을 가리키는 것이다.

일본에 항복을 겁박하여 전쟁을 빨리 끝내려는 미국의 의도는 맞아떨어졌다. 히로시마에 원자폭탄이 투하된 것은 8월 6일이지만, 사실 8일에 소련군이 일본에 참전하게 되어 있었다. 미국이 원폭 투하를 서두른 것은, 일설에는 소련이 일본에 참전하기 전에 일본을 항복시키면 전후 일본에 대한 소련의 간여를 배제할 수 있다고 판단했기 때문이라고 한다.

한 가지 간과할 수 없는 점은 원폭 투하 11일 전인 7월 26일 독일 베를린 교외의 포츠담에서 회동하고 있던 미영중 3국 수뇌가 발표한 대일 항복 권고 〈포츠담선언〉을 일본 정부가 묵살했다는 사실이다. 일본은 8월 14일에야 이 선언을 수락하고 항복하였다. 일본이 포츠담선언을 조속히 수락했더라면 히로시마와 나가사키의 희생은 없었을지도 모른다.

트루먼 대통령은 후일 자서전에서 "원폭 투하로 50만 명 이상의 미국 병사들의 목숨을 건질 수 있었다."고 회고하면서 원자폭탄 투하를 정당화했다. 영국 처칠 수상도 회고록에서 원폭 투하로 "1백만 명의 미국인의 생명을 구했다."고 기술하고 있다. 50만 명, 1백만 명 운운은 미군이 1945년 11월 1일로 예정하고 있던 남규슈 상륙·침공작전 등을 단행했을 경우 예상되는 미군의 희생자를 근거로 한 것이다.

미국이 히로시마와 나가사키에 원폭을 투하했던 진의에 대해서는 지금도 여러 설이 있다. 독일의 항복으로 전쟁은 사실상 끝난 것이나 다름없었고 일본은 겨우 버티고 있는 상황이었다. 트루먼 대통령을 수행하여 포츠담회담에 참석한 최고사령관 아이젠하워는 일본은 최소한의 체면을 살리는 선에서 항복을 모색하고 있는 것으로 감지된다고 언급했다. 또한 알퍼비츠(G. Alpervitz)의 『원폭외교: 히로시마와 포츠담』에 따르면 아이젠하워는 1945년 7월 20일 트루먼 대통령과의 면담에서 원폭 투하는 불필요하다는 의견을 개진했다고 한다. 소련에 대한 과시 목적이라고 하면 히로시마에 투하한 것으로 충분하지 않은가. 우라늄형 원자폭탄과 플루토늄형의 원자폭탄의 파괴력을 비교하고자 했다는 설도 있다.

나가사키의 원자폭탄 투하 중심지와 그 주변에는 이와 관련된 시설물이 설치되어 있다. 이 중 대표적인 것을 간략히 소개한다.

원폭 자료관

1996년 4월에 개관한 나가사키 원폭 자료관의 관내는 〈1945년 8월 9일〉, 〈원폭에 의한 피해의 실상〉, 〈핵무기 없는 세계를 지향하여〉, 〈비디오실〉의 4개로 구획돼 있으며 피폭지의 참상을 보여주는 사진, 자료 등이 전시되어 있고 현대 핵무기의 상황도 소개하고 있다. 전시물 중에서 특히 나가사키에 투하된 원자폭탄 'fat man'의 모형이 관광객들의 시선을 많이 끌고 있다.

평화공원

원폭 중심지의 북쪽 언덕에는 평화공원이 조성되어 있다. 분수대의 정면 방향에는 '평화도시 나가사키'의 상징으로서, 1955년에 나가사키현 출신 조각가 기타무라 세이보(北村西望)가 제작한 거대

평화공원 전경

한 평화기념상이 있다. 좌상의 높이 9.7미터, 좌대 높이 3.9미터. 하늘을 가리키는 오른손은 원폭의 위협을, 수평으로 뻗은 왼손은 평화를, 가볍게 감은 눈은 전쟁 희생자의 명복을 기도하는 것이라는 설명이다.

평화기념상의 모델에 대해 완성 당초부터 설왕설래하였다. 1955년 프로레슬링 선수로서 일본 국민의 영웅으로서 떠오른 재일 한국인 역도산이라는 설도 있다. 역도산이 나가사키의 오무라에 산 적이 있어서 역도산 모델설이 그럴 듯하게 퍼진 것이라고 한다. 제작자 기타무라 세이보는 생전에 이에 대해 노코멘트로 일관하였다.

조선인 원폭 희생자 추모비

오카 마사하루 목사와 나가사키 거주 한인들이 공동으로 1979년에 원폭으로 희생당한 조선인 추모비를 평화공원 내에 건립하였다. 매년 이 추모비 앞에서 한인들이 추모행사를 갖고 있다. 수년 전에 나가사키를 방문한 반기문 유엔사무총장은 나가사키에 서너 시간 밖에 체류하지 않은 빠듯한 일정이었는데도 이곳을 방문하여 헌화하여 규슈 지역 한인들을 감동시켰다.

기념비가 한국 관광객이 좀처럼 찾기 어려운 곳에 위치하고 있으며 다른 기념물에 비하여 왜소하여 초라한 느낌마저 든다. 히로시마에 있는 조선인 희생자 추모비와 비교하면 더욱 그러한 느낌이 강하게 든다. 조속한 시일 내에, 적절한 규모의 추모비가 적절한 장소에 세워지기를 기대한다.

나가사키 시장,
천황의 전쟁 책임 거론

1988년 늦가을 무렵부터 일본 열도는 쇼와 천황의 중환으로 자숙 분위기에 휩싸였다. 그런 와중에 12월 7일, 나가사키 시의회에서 공산당 시바타 보쿠(柴田朴) 의원과 모토시마 히토시(本島等) 시장 간에 질의응답이 이어지고 있었다.

시바타 의원이 "1945년 2월, 고노에 후미마로(近衛文麿) 전 수상이 전쟁 중지를 진언했을 때 천황이 이를 받아들이지 않았기 때문에 히로시마와 나가사키에 원자폭탄이 투하된 것이 아닌가." 하면서 피폭 도시의 시장으로서 이에 대해 어떻게 생각하느냐고 물었다. 이에 대해 모토시마 시장은 "군대 생활을 실제로 하고 특히 군대 교육에 관계했던 자신이 볼 때, 천황에게 전쟁 책임이 없다고 할 수 없다."고 답변하였다. 전후 일본의 금기로 치부되던 천황의 전쟁 책임을 지방의회라는 공적 장소에서 시장이 직접 언급한 것은 일종의 '사건'이었다.

모토시마 시장은 질의응답 종료 후 기자들의 질문에 "천황 폐하가 전쟁 종결을 신속히 결단했더라면, 오키나와, 히로시마, 나가사키의 참극은 없었다고 생각한다. 피폭지의 시장으로서 당연히 그렇게 생각한다."고 부연하였다. 발언 직후에는 시의회의 현장 반응은 그렇게 크지 않았다. 평소 시장을 잘 알고 있던 시의원들은 모토시마 시장이라면 충분히 그렇게 답변할 수 있다고 하는 정도였다. 그러나 신문 석간과 TV 등 뉴스 시간에 시장의 발언이 보도되자 사태는 일변하였다. 시장 관저, 시청 숙직실과 수위실에 항의 전화가 빗발쳤다.

이튿날, 시의회의 자민당, 민사당 등은 발언 취소를 요구하는 문서를 시장에게 전달하고, 자민당 나가사키현 연맹 당기 위원회에서는 '발언을 취소하지 않으면 고문직을 해임하겠다'고 통보해 왔다. 한편 우익단체에는 신변에 대한 폭력적 위협을 계속하였다. 그러나 모토시마 시장은 발언 취소의 요구를 단호히 거부하고 시종일관하여 자신의 신념에 충실한 태도를 견지하였다. 한편 시장의 발언을 지지하고 격려하는 우편엽서가 끊이지 않고 지지 서명자가 1주간에 약 1만 4천 명에 달했으며 최종적으로는 38만 명 이상이었다.

경찰이 24시간 체제로 시장을 경호한 지 한 달쯤 지난 1990년 1월 18일 오후 3시경, 시청 현관 앞에서 시장이 승용차에 막 타려는 순간, 우익단체 세키주쿠(正氣塾)의 다지리 가즈미(田尻和美)가 배후에서 시장에게 총격을 가했다. 모토시마 시장의 피격 사건은 일본 국내 신문뿐만 아니라 미국의 뉴욕타임즈, 워싱턴포스트지 등도 1면 톱기사로 게재할 정도로 세계에 큰 충격을 주었다. 모토시마 시장은 기적적으로 목숨은 건졌다. 시장은 회견에서 명함 케이스 때문에 심장을 다치지 않았다고 하면서 범인을 용서한다고 했다. 그는 입원 치료 1개월 후에는 정상 업무에 복귀하였다.

퇴원 후 3개월쯤 지나서 모토시마 시장은 아키히토 천황이 참석하는 행사에 참석하게 되었다. 본인으로서는 피하고 싶었으나 나가사키 시장으로서 참석이 불가피했다. 1990년 5월 18일, 전국 식목일 기념식 참석차 나가사키 현청을 방문한 아키히토 천황이 모토시마

총격을 당한 직후의 모토시마 시장(1990년 1월 18일)

시장에게 "그 후 건강은 어떤가요?"라고 말을 걸었다. 모토시마 시장은 긴장하지 않고 공손하게 "좋아졌습니다."라고 예의를 차려 답변했다.

천황의 전쟁 책임에 대해 쇼와 천황은 1975년 9월, 패전 후 처음으로 미국을 방문했을 때 전쟁 책임에 대한 질문을 받고 "나는 문학적인 방면에 대해서는 연구하지 않았기 때문에 질문의 의미를 알 수 없다."며 얼버무렸다. 또한 아키히토 상황은 1989년 8월, 즉위 후 처음 가진 기자 회견에서 천황의 전쟁 책임 등의 질문에 대해 "언론의 자유 보장은 민주주의 기초로서 대단히 중요하다."고 전제하면서도, 전쟁 책임에 대해서는 "대답할 입장에 있지 않다."라고 언급, 직답을 회피하였다.

모토시마 시장은 사회적으로 약자인 재일 조선인·중국인의 전쟁 피해자에 대해 각별한 관심을 가져왔다. 시장에 당선된 후에도 득표와 무관한데도 이들에 대해 신경을 많이 썼다.

조선인 원폭 피해자 위령비는 히로시마와 나가사키에 각각 1970년에 설치되었으나 평화공원 밖에 세워져 있어 방문객의 시선을 끌지 못했다. 나가사키의 시민단체 등이 오랫동안 공원 내의 이전을 시 당국에 호소했으나 쇠귀에 경 읽기였다. 마침 재일 외국인 문제에 관심이 지대한 모토시마 히토시 시장의 1979년 5월 취임을 계기로 시민 단체가 다시 건의하자, 모토시마 시장은 긍정적 반응을 보이고 적당한 장소를 물색해 보라고 하였다. 이런 과정을 거쳐 나가사키의 위령비는 1979년 평화공원 내로 이전되었다. 한편 히로시마의 경우는 건립된 지 29년이 경과한 1999년에야 평화공원 내에 이

전되었다.

모토시마 시장은 1992년 10월 19일부터 4박 5일 일정으로 대한적십자사 강영훈 총재의 초청을 받아 한국 원폭 피해자의 실태 파악을 위해 방문하였다. 피폭지의 시장의 한국 공식 방문은 처음이었다. 방한 중에 강영훈 총재와 가진 회담에서 "한국의 피폭자와 유족의 고통과 슬픔은 모두 일본의 책임이다."라고 하면서 눈물을 흘리며 사죄한 모습이 당시 국내 언론에 크게 보도되었다. 또한 시장은 어렵게 생활하고 있는 합천의 원폭 피해자들을 직접 찾아가 위로금을 전달하고 사죄하였다. 모토시마 시장은 귀국 후 도쿄의 후생성을 방문하여 한국 내의 원폭 피해자들이 경제적으로 어려운 현실을 설명하고 적절한 조치를 촉구하기도 하였다.

모토시마 시장의 사회적 약자에 대한 관심과 사랑은 출생과 성장 배경과 무관치 않다. 그는 에도 막부의 가톨릭 탄압을 피해 고토로 숨어든 '잠복 기리시탄'의 후예로서 고토의 한 촌에서 사생아로 태어났다. 생모는 생후 11개월의 모토시마를 남겨두고 사세보의 남자와 결혼하여 섬에서 나가버렸고, 부친도 도망치듯 고토에서 빠져나가 다른 여자와 결혼하였다. 모토시마는 조부모 슬하에서 초등학교를 졸업한 후 나가사키로 나와 급사, 신문배달을 하면서 야간 중학교, 고등학교를 졸업하고 교토대학 공학부를 졸업한 의지의 사나이다. 대학 졸업 후 야간 고등학교 교사, 미용학원 강사 등을 경험한 후 정치에 뛰어들어 1959년 나가사키현 의원에 당선되어 5기 20년간 활동하다가 1979년 5월 나가사키 시장에 당선되어 4기 16년간 '평화시장'을 역임하였다.

모토시마 시장이 천황의 전쟁 책임을 거론하던 1988년 12월, 필자는 도쿄 한국 대사관에 근무하고 있었다. 메이지대학 석사 논문으로 「재일 한국인의 지방 참정권과 인권의 장래」를 작성했던 관계로 모토시마 시장에 대해 다소 알고 있던 터라 그의 피격 뉴스에 크게 놀랐다.

외교부 퇴임 후 나가사키의 대학에 부임하면서부터 한번 찾아뵐 생각을 하였다. 그런데 하루, 이틀 미루다가 그만 8년이 훌쩍 지나 2014년 3월 말 퇴직이 임박하였다. 2014년 3월 25일, 시장을 점심 식사에 초대하여 때늦게나마 존경의 마음을 직접 표할 수 있었다. 93세의 고령에 거동이 불편한데도 나와 주시고 『모토시마 히토시의 사상』을 서명하여 선물로 주셨다. 식사도 잘 드시고 타고난 유머 감각도 여전하고 의욕적이어서 '아직은 괜찮겠구나' 했는데 7개월 후 10월 31일 모토시마 히토시 시장의 부음을 접했다. 삼가 고인의 명복을 빈다.

숲속의 집, 하우스텐보스

일본 유수의 테마파크, 체류형 리조트 시설로서 널리 알려진 하우스텐보스는 오무라만(大村灣)에 인접해 있는 사세보시 하리오섬에 1992년 3월에 개업하였다. 하우스텐보스(Huis Ten Bosch)는 네덜란드어로 '숲속의 집'이라는 뜻이며, 네덜란드 왕실의 허가를 얻어 '하우스텐보스 궁전'을 재현한 것에서 비롯되었다. 궁전, 호텔 등의 석상도 네덜란드 문화재 복제가의 지도를 받아 가며 제작했다.

하우스텐보스의 창업자 가미치카 요시쿠니(神近義邦) 사장은 도전 정신이 매우 강한 사람이다. 나가사키현의 농업고등학교 야간부를 졸업하고 동사무소에 취직하여 농업지도 업무를 담당했다. 부지런하고 창의적이며 꿈이 큰 청년이었다. 그는 10년 정도 근무한 후 공무원 생활을 접고 농업·환경·관광을 융합하는 구상을 가지고 관광과수원 건설에 뛰어들었다.

1979년 유럽에 출장 갔을 때 지중해에서 유람선으로 관광하던 중, 문득 고향의 오무라만을 개발하여 관광 명소 '네덜란드 마을'

하우스텐보스 전경

건설의 아이디어를 얻었고 4년 후 1983년 7월에 '네덜란드 마을'을 개장할 수 있었다. 그리고 1992년 '네덜란드 마을'은 '하우스텐보스'로 도약하였다. 그러나 잘나가던 회사가 거품경제 붕괴 등으로 경영이 악화되고 막대한 부채를 떠안게 돼, 결국 60대 중반의 가미치카 사장은 2006년 6월 회사를 주거래 은행에 넘겨주고 사장 자리에서 물러나지 않으면 안 되었다.

하우스텐보스는 네덜란드 시가지의 재현을 통한 유럽 전체를 테마로 하고 있다. 부지 면적은 152만m²로 도쿄 디즈니랜드의 1.5배, 단독 테마파크로서는 일본 최대이다. 약 30년 전에 공업단지로 조성되었으나 공업용 용수 확보의 어려움 등으로 오랫동안 방치되어 황폐해진 토지는, 친환경적 거리 조성 사업에 따른 토지 개량에 의해 소생하고 있다.

약 46만 평의 광대한 부지에 사계절 내내 철 따라 피는 꽃의 향기가 그윽하고 일 년 내내 다양한 행사가 개최된다. 드라마, 영화의 야외촬영지로서도 활용되고 있다. 오락시설과 숙박시설, 박물관·미술관도 제대로 갖추어져 있다. 박물관에는 데지마에 근무했던 의사 지볼트에 관한 자료, 범선 모형, 동인도회사의 무역품 등이 전시되어 있어 네덜란드와 일본 간의 교류 역사를 엿볼 수 있다. 또한 네덜란드 직수입의 목제 신발, 델프트 도자기 등의 민예품, 다양한 종류의 치즈 등 나가사키와 역사적 인연이 깊은 네덜란드 물산품을 여행 기념으로 구입하는 재미도 있다.

하우스텐보스의 최대의 매력은, 인간과 자연의 공생을 콘셉트로 하여 지속가능한 환경형의 거리와 자연의 숨결을 피부로 느낄 수 있는 새로운 공간 조성을 지향하고 있는 점이라 하겠다. 하수 정화, 해수의 담수화 플랜트 시설은 하우스텐보스의 또 다른 일면이다. 폭 30미터, 연장 6킬로미터의 운하는 '운하의 도시' 암스테르담의 이미지를 형성하는 중요한 요소이다. 연 2~3백만 명의 관광객 이외에 환경설비 견학 단체 여행도 꾸준히 늘고 있다. 몇 년 전에 필자도 환경설비를 견학한 적이 있는데, 천연가스에 의한 발전과, 발생하는 고압열기를 이용한 냉난방 시스템, 해수 담수화 시스템 등에 대해 전임 가이드가 설명하는 것을 인상 깊게 들었다.

하우스텐보스 개장 초에는 일본 전국으로부터 신혼여행 커플 등도 많아 1996년에 입장객 380만 명을 기록했으나 그 후 점차 줄어 2001년에는 292만 명으로 감소하여 파탄에 직면한 적도 있다. 2010년 4월부터 새로운 경영 재건이 시작되어 흑자로 전환되었으나 입장객 목표 수 320만 명의 달성에는 아직 미치지 못하고 있다.

2018년 10월부터 2019년 9월까지의 입장객은 4년 연속 감소하여 245만에 그쳤다. 한국, 타이완, 홍콩, 중국 등의 아시아로부터의 관광객이 60% 이상을 차지하고 있다. 특히 일본의 반도체 소재의 수출규제 조치로 한일 관계가 냉각되면서 한국 방문객이 급감하여 치명적인 타격을 입고 있다. 후카가와 유키코 와세다대학 교수는 아베 신조 총리의 수출규제 조치 관련 "무모하고 저급한 포퓰리즘 정치로 인해 한일 기업들이 희생되고 있다."고 지적한 바 있다.

나가사키를 여행할 때는 1박 정도는 하우스텐보스에서 보내면 좋은 추억이 될 것이 분명하다. 2011년 봄, 필자가 존경하는 대선배분이 나가사키에 오셨을 때 어디를 가보고 싶으신지 물었더니 이미 작정하고 오신 듯 바로 '하우스텐보스'라고 하여 놀랐다. 제네바와 유엔 대사를 역임하신 분이 촌스럽게(?) 하우스텐보스라니. 하지만 그곳에서 함께한 하루는 즐거운 추억으로 남아있다.

후쿠오카의 하카타역에서 특급 하우스텐보스로 약 1시간 45분이면 도착. 나가사키역에서 쾌속 '씨사이드 라이너'로 약 1시간 30분이면 JR 오무라선 하우스텐보스역 도착, 하차 후 도보로 5분!

나가사키 출신 작가,
노벨 문학상 수상

2017년 노벨 문학상 수상자로 일본계 영국인 작가 이시구로 가즈오(石黑一雄)가 선정되었다. 스웨덴 아카데미는 선정 이유로 "인간과 세계가 맺어져 있다는 환상 저변의 심연을, 위대한 정서적 힘을 가진 소설을 통해 드러냈다."고 밝혔다.

이시구로는 1954년 나가사키 시내 고급 주택가에 위치한 정원이 딸린 저택에서 태어나 이곳에서 유년시절을 보냈다. 노벨상 수상이 발표되자 요미우리신문은 호외를 발행하고 작가의 고향 나가사키 시민들의 수상 소식에 대한 반응을 전하였다. 나가사키 현청은 현수막을 높다랗게 내걸고 현민과 더불어 떠들썩하게 축하하였다. 다른 언론 매체들도 이시구로가 영국에 가기 직전까지 다녔던 유치원의 90대의 담임교사 다나카 데루코(田中皓子)를 용케도 찾아내 "가즈오가 동화책을 자주 읽던 모습이 특히 인상에 남는다."는 회고담을 끌어내는 등 부산을 떨었다.

한편 영국에서는 의외로 차분한 반응을 보였다. 노벨 문학상이 결정되었을 때, 1면에 보도한 신문은 가디언뿐이었다. 일본처럼 독자나 친척들의 반응을 보도한 신문이나 TV는 전혀 없었다고 한다. 수상식 다음 날에도 데일리텔레그래프, 가디언, 타임즈 등 주요 매체들은 수상식이나 이시구로의 연설 내용 등을 전혀 다루지 않았다. 일본 신문 기자가 수상 발표 후에 런던 시내의 10개의 서점을 둘러보았으나 이시구로 특설 코너가 있는 곳은 단 한 군데뿐이었으며, 그것도 한쪽 구석진 자리였고, 오히려 무라카미 하루키의 번역본 코너가 더 좋은 자리에 배치되어 있다고 아사히신문이 보도하였다.

이시구로는 다섯 살 때 영국으로 이주하게 된다. 부친 이시구로 시즈오(石黒鎮雄)가 1948년 도쿄의 기상 연구소로부터 나가사키 기상대로 전임되어 근무하던 중 1960년 영국의 국립 해양연구소 연구원 초청으로 영국으로 가게 됨에 따라 가족 모두가 영국으로 이주하였다. 이시구로 아버지는 도쿄대학에서 이학박사를 취득한 해양연구가로 1970년대에 1년간 영국의 해양연구소에서 연구를 한 경력이 있다.

이시구로 가즈오는 영국에 살면서도 조부와 모친의 배려로 일본문화를 접하면서 성장할 수 있었다. 나가사키에 살고 있는 조부는 손자가 일본어를 잊지 않도록 일본 만화와 잡지 『소학교 1년생』을 거르지 않고 매달 보내주었다. 그는 상하이에서 도요타 자동차 현지법인을 설립한 책임자였으며, 후에는 중국과 일본을 오가며 사업을 하여 성공한 실업가였다. 이시구로의 다섯 번째의 장편 『내가 고

아였을 무렵』의 무대가 상하이로 설정된 것은 조부의 영향으로 보인다.

이시구로는 어릴 적부터 집안에서는 식구들과 일본어로 대화하였다. 어머니는 매일의 식단을 일본 음식으로 차리는 등 일본적 가정 분위기가 나도록 신경을 쓰고, 이시구로에게 일본 동화책을 읽어주곤 하였다. 특히 9살 때 어머니가 일본어로 읽어준 명탐정 『셜록 홈즈』 시리즈에 중독되었다고 한다. 노벨상 수상 결정 직후 영국 런던 자택에서 가진 일본 기자와의 회견에서 이시구로가 "나의 세계관에는 일본이 영향을 미치고 있다. 내 일부는 언제나 일본인이라고 생각하고 있다."고 말할 수 있었던 것은 이러한 가정환경에 기인한다고 하겠다.

이시구로의 부모들은 처음엔 영국에 영주할 계획이 없었다. 계약기간이 끝나면 당연히 일본으로 돌아갈 셈으로 나가사키의 저택을 처분하지 않고 그대로 두고 있었다. 이시구로 역시 언젠가는 일본으로 돌아가려니 하면서 소년시절을 보냈다. 그가 심정적으로나 현실적으로 일본 귀국을 단념한 계기는 1970년, 15세 때 조부의 죽음이었다. 조부가 매달 보내준 책을 통해 막연하나마 간직했던 귀국의 꿈은 조부의 죽음과 함께 증발하고 말았다. 한편 영주할까, 귀국할까를 두고 고민하던 그의 부모도 영주하기로 마음을 굳혔고, 이시구로는 1983년 영국에 귀화하였다.

이시구로는 켄트대학교에서 영어학과 철학 학사 과정을 마치고, 이스트앵글리아대학교에서 문예창작으로 석사 학위를 받았다. 그는 1982년 『창백한 언덕 풍경』의 데뷔작으로 왕립문학협회상을 받았고, 두 번째 장편 『부유하는 세상의 예술가』(1986)로 휘트브레드 상을, 세 번째 장편 『남아 있는 나날』(1989)로 맨부커상을 받으며 일약 중요한 영어권 소설가로 떠올랐다. 작가로서 이시구로의 활동은 순풍에 돛을 단 듯하다.

이시구로가 1982년 이래 2015년까지 펴낸 일곱 편의 장편 소설 가운데 일본을 배경으로 하고 있는 작품은 초기의 두 작품뿐이다. 그는 초기 작품의 무대를 일본으로 선택해 작가로서의 인생을 시작했다. 데뷔작 『창백한 언덕 풍경(A Pale View of Hills)』은 나가사키를 배경으로 태평양전쟁 이후의 상처와 현재를 엮어낸 작품이다.

이시구로는 1980년 전후 최초의 장편인 이 소설을 쓴 배경으로 "어린 시절의 일본에 대한 기억이 사라지기 전에 기록으로 남기고 싶었다."고 밝히고 있다. 나가사키 원폭으로 가족을 잃은 여성을 주인공으로 한 이 소설에서, 주인공이 일본 전후 부흥의 천우신조로 불리는 한국전쟁 때 나가사키의 이나사산(稲佐山)에 올라 부흥의 망치 소리가 우렁차게 퍼지는 나가사키 시내를 내려다보는 정경이 묘사되어 있다. 사실 이시구로의 어머니도 나가사키 원폭의 폭풍으로 화상을 입은 부상자이다.

이시구로의 『창백한 언덕 풍경』에서 한국에 관한 언급은 단 한마디 '한국전쟁'뿐이다. 그의 가족은 1960년 영국으로 떠나기 전, 이나사산에 올라 나가사키와 아쉬운 작별을 고했던 모양이다. 이시구로가 그때 본 나가사키의 모습이 뇌리 깊숙이 각인되어 있다가 소설의 한 장면으로 되살아난 것이다. 나가사키시 중심부의 서쪽에 위치한 이나사산(333미터)은 나가사키의 상징이다. 지상에서 로프

웨이로 5분 정도면 정상에 다다른다. 정상에서 360도로 나가사키시 전체와 항구를 바라볼 수 있는 명소로 연중 관광객의 발길이 끊이지 않는다.

두 번째의 작품 『부유하는 세상의 예술가』에도 나가사키로 여겨지는 거리의 묘사가 있다. 그러나 이시구로는 작품 속 일본의 모습은 상상의 소산이라고 밝히고 있는 바와 같이 소설 속 나가사키의 지리가 정확히 재현되고 있지는 않다. 교토외국어대학 소나카 다카유키(莊中孝之) 교수는 "이시구로는 유년기의 기억과 작가의 상상을 융합하여 또 다른 하나의 나가사키를 창조하고 있다."고 지적하고 있다. 그래서 많은 평자들이 이시구로의 작품에서 일본의 영향을 읽어내려 하지만, 정작 작가 자신은 "내가 만일 가명을 쓴 채 다른 사람이 소설 표지에 등장하도록 한다면, 누구도 이 작가가 일본문학을 연상시킨다고 말하지 않을 것"이라고 말하였다.

이는 맨부커상을 받은 후 자유스러워진 이시구로가 일본이나 영국적인 것을 초월하여 보편적인 인간상을 묘사하고 있기 때문으로 보인다. 소나카 교수는 이시구로의 작품 특징을 "시대에 우롱당하고 있는 사람의 슬픔을 묘사하는 한편 이들에게 따뜻한 눈길을 보내며 인간의 존엄을 찾으려는 태도를 보이고 있는 것"이라고 평했다.

여담인데, 노벨상을 수상한 작가의 작품에 나가사키가 처음 등장한 것은 1937년 펄 벅의 『애국자』로 보인다. 난징대학에 재직 중이던 부부가 1927년 3월 난징 정세의 악화로 6세의 지적장애아 딸을 데리고 나가사키의 운젠(雲仙)으로 피난 와서 4개월간 체류하였다. 그때 펄 벅은 동화 한 편과 운젠의 아름다운 경치와 온천이 등장하는 『애국자』를 집필하였다. 그 후 펄 벅이 1938년 노벨 문학상을 수상하자 운젠 시민들은 펄 벅을 운젠의 은인으로 여기고 있다. 운젠은 필자의 고향인 구례와 자매결연 도시의 인연이 있는 곳이기도 하다.

4부

나가사키에 드리운 조선의 그림자

일본 최초의 조선인 성당

2010년 8월 1일 나가사키 나카마치 가톨릭교회에서 이문희 대주교와 나가사키 대교구장 다카미 미쓰아키 대주교가 성 로렌조 성당 설립 4백 주년을 기념하는 미사를 공동 집전하였다. 성 로렌조 성당은 임진전쟁 때 규슈 지방으로 끌려온 조선인들이 1610년 나가사키에 세운 성당이다.

당시 예수회 선교사가 작성한 보고서에 따르면 조선인 1,300여 명이 세례를 받았고, 이들이 십시일반으로 돈을 모아 나가사키에 스페인의 순교자 로렌조(라우렌시오) 성인을 수호성인으로 하는 소박하고 작은 성당을 건립한 것이었다. 성당의 축성식은 많은 조선인과 일본인들이 참석한 가운데 엄숙하고 성대하게 거행되었으며, 조선인들의 신심과 자애, 그리고 신앙으로 일치단결한 모습은 일본인들에게 큰 감동을 주었다고 한다. 1784년 이승훈이 중국 베이징에서 세례를 받으면서 한국 천주교의 역사가 시작됐다. 그보다 170여 년이나 앞서 이국땅에서 조선인들이 성당을 건립한 것이다.

성당을 신축한 지 불과 4년 후인 1614년 도쿠가와 막부는 전국적으로 가톨릭 포교 금지령 선포와 동시에 교회 파괴를 명하였다. 나가사키에서는 두 차례에 걸쳐 교회가 대부분 파괴되었고 그 자리에 절이나 신사를 지었다. 1620년 2월 로렌조 성당이 파괴되고 그 자리에 이세 신사가 들어섰다고 한다.

당시 일본 전국 각지의 조선인 신자 수는 불분명하나 선교사들이 본부에 보낸 서한을 보면 상당히 많은 수의 신자가 있었던 것으

『사진낭화백경(寫眞浪花百景)』(1868)에 수록된 「고라이바시」.
메이지 초기의 모습을 그렸다.(오사카시립도서관 소장)

'고라이바시'라고 새겨진 다리.(니이 다카오 촬영)

로 보인다. 나가사키 일본 26성인 기념관의 렌조(De Luca Renzo) 신부가 2005년 무렵에 찾아낸 선교사들의 서한에 기술된 조선인들에 관한 내용을 소개한다.

"올해 2천 명 이상의 조선인이 세례를 받을 정도로 대단한 수확을 얻었습니다. 그들은 실로 이해력이 뛰어나고 하느님과 신앙 교리를 경청하며, 이해하기 어려운 점이나 의문이 있으면 바로 질문을 합니다. 이를 본 일본인들이 감탄을 합니다."(1594년 10월, 규슈 지역의 조선인에 관한 파시오 신부의 편지)

"올해 이곳 나가사키의 많은 조선인 어린이가 교리를 받았습니다. 그 수는 1,300명을 넘었습니다."(1596년 12월, 예수회 루이스 프로이스 신부가 예수회 총장에게 보낸 편지)

예수회 선교사들의 보고서는 한결같이 "조선인들은 좋은 성격과 품성을 지니고 있으며, 훌륭한 자질의 소유자들로 우수한 능력과 지성을 갖고 있으며 온화하고 순종적이며 맑고 청아한 천성을 가진 사람들이다."라고 높이 평가하고 있다.

나가사키에 조선인들이 밀집되어 사는 지역을 17세기 중반에는 고라이마치(高麗町)라고 불렀다. 그러나 1672년 무렵부터 대장장이들이 몰려와 살기 시작하자 가지야마치(鍛冶屋町)로 개칭되어 '고라이(高麗)'라는 어휘가 마을 이름에서 지워지고 말았다. 그러나 나카지마(中島) 하천에 있는 14개의 돌다리 중 하나에 '고라이바시(高麗橋)'라고 새겨져 있어 조선인들이 살았던 흔적을 전해주고 있다. 중국이나 일본 사서에는 신라인, 백제인 등을 통틀어 '고려인'으로 칭하는 예가 많이 보인다.

자력으로 교회를 세울 정도로 성장한 조선인 신자들은 그 후에 일본 신자와 마찬가지로 고난의 길을 걸었다. 그들 가운데는 엄한 금교령과 심한 박해 아래서 몰래 포교하는 신부들을 숨겨준 신자도 있었고, 더러는 조선에 가서 선교를 하고자 귀국을 시도한 자도 있었다. 금교령의 강화에 따라 순교자가 계속 나왔다. 조선에서 신유박해가 일어나기 179년 전인 1622년 9월, 나가사키에서 55명이 처형되었을 때 조선인 5명이 포함되었다. 또한 니시자카에서의 순교자 '일본 순교복자 205인' 가운데 10명의 조선인 이름이 올라 있으며, 1867년 7월 7일 교황 비오 9세에 의해서 시복되었다.

여담. 임진전쟁 때 제1군 선봉장 고니시 유키나가(세례명 아우구스티노)에 의해 다섯 살 정도의 여자아이가 일본으로 연행되어 고니시 부부에 의해 오타 줄리아라는 세례명을 지닌 독실한 신자로 성장하였다.

줄리아는 고니시 유키나가 사후 쇼구의 정실과 측실이 기거하는 오오쿠(大奥)의 시녀가 되었다. 줄리아의 미모에 혹한 도쿠가와 이에야스가 그녀를 개종시켜 가까이서 시중들게 하려고 했으나 줄리아는 이에 따르지 않고 유배형을 택했다. 줄리아는 도쿄만의 남쪽 끝자락의 고즈시마(神津島)에서 생을 마쳤다고 한다. 고즈시마 교육위원회에서 1970년 "그리스도인의 신앙으로 살았던 성녀 오타 줄리아는 생전에 마을 사람으로부터 존경과 사랑을 받았다."고 적힌 묘비를 건립하고 추모제를 지냈다.

20여 년 전, 필자는 도쿄 다케시바하시항에서 저녁 10시에 출항하는 여객선편으로 오타 줄리아의 유적지 탐방에 나섰다. 다음 날

아침 7시 30분쯤 고즈시마에 도착하여 줄리아의 묘비 앞에서 두 손을 모아 머리 숙여 묵념하였다.

노태우 대통령, 쓰시마 외교관 '복권'

아메노모리 호슈

임진전쟁을 대의명분이 없는 침략전쟁이라고 일갈하고 한일 양국은 이웃나라로서 서로 속이지도, 다투지도 말고 참된 마음으로 교류하자는 성신(誠信) 외교를 주창한 일본 외교관이 있다. 에도 중기 쓰시마번(對馬藩)의 대 조선 외교를 30여 년간 담당했던 유학자 아메노모리 호슈(雨森芳洲)가 바로 그 주인공이다.

1990년 5월, 일본을 공식 방문한 노태우 대통령은 천황 주최의 만찬 연설에서 "270년 전 조선과의 외교를 담당했던 아메노모리 호슈는 성의와 신의의 교제를 신조로 삼았다."라고 언급하였다. 호슈에 관한 대통령의 이 한마디가 일본 매스컴을 타게 됨으로써 호슈에 대한 관심이 증폭되었다. 그 당시 호슈의 이름을 제대로 읽는 일본인도 드물 정도였다. 5월 26일 자 아사히신문은 〈호슈의 복권(復權)〉이라는 칼럼에서 한국의 노태우 대통령이 궁중 만찬회의 연설을 통해 일본 근세사에서 잊힌 사상가 아메노모리 호슈를 복권시켰다고 평하고, 호슈가 잊힌 중요한 원인은 조선·일본 동등론을 전제로 한 성신 외교를 주창했었기 때문이라고 논평하였다.

노태우 대통령 일본 방문 이후 얼마 안 되어 일본에서는 아메노모리 호슈 평전이 발간되고 한일 양국 역사 교과서에도 기술되었다. 한일 양국의 젊은이들이 함께 참석하는 〈아메노모리 심포지엄〉을 개최하여 그의 정신을 새로운 한일 교류에 접목시켰다. 1995년 이래 조선통신사가 통과했던 일본 각지의 20여 지방자치단체가 전국연합회를 결성하여 해마다 통신사 행렬을 재현하는 축제를 개최하고 있다.

필자는 1970년 중반 일본 대사관에 근무했을 때 도쿄 간다의 헌책방에서 우연히 입수한 『일본과 조선의 2천 년, 신화시대~근세』라는 책을 통해 호슈의 성신 외교를 처음 접하게 되었다. 그 후 조선통신사와 호슈에 관한 논문을 꽤나 읽었다. 아는 체하기를 좋아하는 속물이라 1994년에 간행한 『일본은 있다』에서 예의 노태우 대통령의 연설 초안에 호슈를 자신이 포함시켰다고 발설하고 말았다. 졸저 『일본은 있다』가 일본에서 『일본의 저력』이라는 제목으로 번역, 출판되자 호슈의 후손들이 필자에게 사의를 표하기 위해 일부러 서울까지 온 적이 있다. 우연히도 쓰시마를 관할하는 후쿠오카 총영사로 부임하게 되자 요미우리신문 등이 전국판에 호슈의 에피소드를 소개하여 규수 지역에서 졸지에 유명인사가 되기도 했다.

아메노모리 호슈는 1668년에 현재의 시가현 아메노모리촌(雨森村)에서 태어났다. 그는 가업인 의사를 이어받기 위해 수련을 받던 중 의사가 되기 위해서는 갖은 고초를 견뎌야 할 뿐만 아니라 사람의 목숨마저 희생시킬 수 있다는 말을 듣고 의사가 되는 것을 단념하였다.

그는 의사의 꿈을 접고 유학(儒學)으로 바꿔 18세 때 기노시타 준안(木下順庵)의 문하생으로 입문하여 주자학을 공부하기 시작하였다. 기노시타는 제5대 쇼군 도쿠가와 쓰나요시의 시강(侍講)을 지낸 일류 학자이었다. 기노시타는 호슈의 생애에 결정적인 영향을 미친 스승이었다. 호슈는 아라이 하쿠세키(新井白石)와 함께 기노시타 문하생 3백여 명 가운데 5대 수재로 손꼽혔다. 그는 22세 때 기노시타의 천거로 쓰시마번의 조선 외교를 담당하게 되었다. 당시 조선과 일본 간의 외교문서는 한문으로 작성되었던 관계로 한문에 조예가 깊은 호슈를 추천한 것으로 보인다.

호슈는 바로 쓰시마로 부임하지 않고 에도에 있는 쓰시마번 저택에 머물면서 기노시타의 지도를 계속 받고 있었는데 어느 날 스승이 호슈에게 중국어 회화를 배우는 것이 좋겠다고 하였다. 당대 일본 제일의 주자학자가 제자에게 중국어 회화를 익히도록 권유한 것은 일본적인, 지극히 일본적인 실용주의적 사고의 발로로 보인다.

호슈는 스승의 권유에 따라 바로 중국 출신의 승려에게 중국어 회화를 배우기 시작했으나 성에 차지 않았다. 그 당시 중국어 학습은 나가사키가 일본에서 제일이었다. 1680년대에 나가사키에 입항한 중국 선박은 약 2백 척에 달했으며, 시내에 거주하는 중국인은 1만 명 이상이었고, 중국어 통역이 2백 명 정도나 되었다. 에도 시대의 지식인에게 중국 문화, 서양 문화를 직접 접할 수 있는 해외 신지식의 창구, 나가사키로의 유학(遊學)은 일생의 염원이었다. 호슈는 25세 때 쓰시마번의 재정지원을 받아 그토록 동경하던 나가사키에 유학할 수 있었다. 그는 두 번에 걸쳐 나가사키에서 약 2년간 중국어를 공부하기 시작하여 평생 중국어 책을 손에서 놓지 않았다고 한다. 필자가 70이 넘어 방송통신대학교 중문과에서 중국어를 공부하고 지금도 호반을 걸으면서 중국어 문장을 암송하는 것은, 아메노 모리 흉내 내기이다.

중국어뿐만이 아니다. 호슈는 1703년 초량 왜관에 파견되어 조선어를 배우기 시작하여 왜관에 근무하는 3년 동안 경상도 사투리까지 구사할 정도로 조선어와 조선 사정에 능통하게 되었다. 왜관 근무를 마치고 귀국한 후에 조선에 관한 폭넓은 지식을 바탕으로 35년간이나 조선 외교의 실무를 담당하였다. 그는 외교 실무 경험을 정리하여 대조선 외교 지침서인 『교린제성(交隣提醒)』과 조선어 회화 입문서인 『교린수지(交隣須知)』 등을 저술하기도 한 외교 사상가이다. 그의 조선관을 가장 명확히 표현하고 있는 것은 1728년에 저술한 『교린제성』이다. 호슈는 대 조선 외교에 가장 중요한 것은 먼저 조선의 법제와 풍속을 집대성한 『경국대전』을

아메노모리 호슈의 『교린수지』 내용

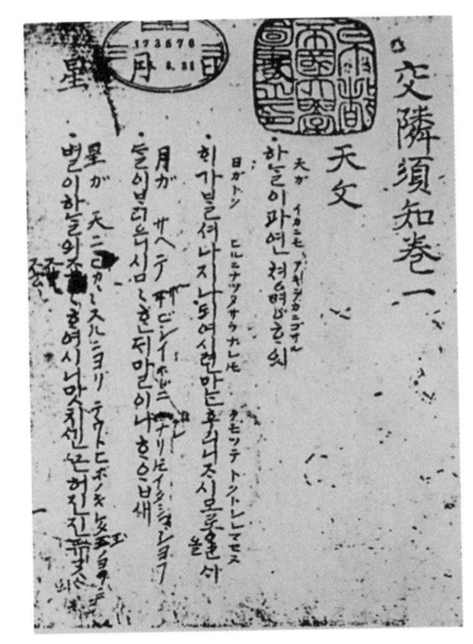
交隣須知卷一

天文

숙독하고 조선 측의 사정을 충분히 연구하여 이를 바탕으로 성신 외교를 펼치는 것이라고 강조했다.

그것은 다년간의 조선과의 교섭 경험에 의한 것이었다. 히데요시의 조선 침략으로 양국 관계는 단절되었다. 그러나 히데요시 사후 권력을 장악한 도쿠가와 이에야스는 개방적 국제 관계를 모색하는 가운데 조선과의 국교 회복을 적극적으로 추진하였다. 이에야스는 조선 사절과 회담하는 자리에서 자신은 임진전쟁 때 관동지방에 있었기 때문에 전란에 직접 관여치 않았다고 하면서 조선과 더불어 실로 원한이 없으니 국교 수복을 원한다고 했다.

일본의 국교 재개 요청에 대해 조선으로서는 일본이 불구대천의 원수이긴 하나 이웃으로서 영원히 관계를 끊을 수도 없고, 더욱이 명·청 교체라는 동아시아의 국제 정세 격변을 고려하지 않을 수 없었다. 결국 조선은 1606년 8월 쓰시마에 화친의 조건으로서 이에야스가 사죄의 뜻을 담은 국서를 먼저 송부할 것과 전란 중 국왕의 능묘를 도굴한 범인을 잡아 보낼 것을 제시하였다. 이에야스가 개전에 소극적이었다고는 하나 사죄의 국서를 조선에 먼저 송부한다는 것은 사실상 기대하기 어려웠고, 전란의 와중에 저질러진 왕릉 훼손의 범인을 색출한다는 것도 또한 현실적으로 쉬운 일이 아니었다.

이와 같은 어려움으로 국교 수복이 암초에 부딪치자 조선과의 무역에 목을 매달고 있는 쓰시마는 고육지책으로 국서를 위조하고 도굴과 무관한 죄수 두 명을 도굴범으로 위장하여 조선으로 보내왔다. 조선에서는 국서가 의외로 빨리 도착한데다 그 내용이 조선의 요구사항을 거의 다 수용한 점 등으로 보아 쓰시마의 간계라는 것을 간파하고도 모른척하고 수교 재교의 요청에 응했다.

우여곡절 끝에 전란이 끝난 지 채 10년도 경과하지 않은 1607년 여우길을 정사로 한 504명으로 구성된 사절단을 일본에 파견하기에 이르렀다. 사절의 주요 임무는 이에야스의 국서에 대한 회답 국서 전달과 전쟁 중에 일본으로 잡혀간 피로인(被虜人)의 송환이었다.

호슈는 이와 같은 전후 사정을 모를 리 없었기 때문에 대 조선 외교의 으뜸이 되는 원칙으로 서로 속이지도, 다투지도 말고 참된 마음으로 교류하자는 성신의 교린(誠信之交隣)을 내세운 것으로 보인다. 호슈의 성신 외교 정신은 메이지 유신 이후의 일본의 정한론 등의 조선 침탈 정책에 따라 역사에 매몰되고 말았던 것이다.

호슈도 가고 세상은 엄청나게 변하고 있지만 한일 간의 진정한 선린 관계의 출발은 역시 상호간에 신뢰가 전제될 때 비로소 가능할 것이다.

조선어 통역 오다 이쿠고로

쓰시마는 부산에서 50km 정도 밖에 떨어져 있지 않다. 이와 같은 지리적 근접성으로 인해 고래로 한반도와 다양하고도 복잡한 관계를 맺어 왔다.

임진전쟁 때 쓰시마에서 50명의 조선 통역을 징발하여 각 부대에 배치하였는데 이들의 성명과 배속된 부대명이 기재된 사료가 남아있다. 공식 통역 이외에 비공식적으로 활동한 쓰시마의 조선어 통역도 상당히 많았다. 에도 시대에 12회에 걸쳐 일본을 방문한 조선통신사의 안내도 쓰시마 통역들의 몫이었다. 또한 1678년에 설치된 부산의 초량 왜관에는 4백여 명의 쓰시마 사람들이 상주하고 있었다. 일본인의 해외 도항이 금지되고 있던 쇄국 시대에 해외의 한 곳에 이 정도의 성인 남자들이 장기간 거주하고 있었다는 것은 지극히 이례적인 것이었다.

조선의 대표적인 '일본통' 신숙주는 『해동제국기』에 "대마도는 토지가 척박하므로 백성들은 가난하여 소금을 굽거나 물고기를 잡아 생활한다."고 적고 있다. 토지가 척박하고 경지 면적이 적은 쓰시마 사람들은 먹고 살기 위해서 조선과의 교역에 매달릴 수밖에 없었다. 조선과 상거래를 하기 위해서 조선어를 익혀야 했던 까닭에 쓰시마에 조선어를 구사하는 사람들이 자연히 늘어나게 되었다.

전국시대에 무사들은 번주로부터 봉토를 지급받았으나 쓰시마에서는 도주가 가신들에게 나누어 줄 토지가 없었던 관계로 유력자들에게 토지 대신 무역상의 특권을 인정하였다. 이와 같은 무역 특권 상인단을 '60인 상회'라고 한다. 이들은 세습제로 대부분 조선과의 무역에 종사하고 있었으며 조선어 통역을 많이 배출했다.

에도 시대 최고의 조선통 외교관인 아메노모리 호슈는 시험을 거쳐 선발된 조선의 일본어 통역과 비교해 볼 때 쓰시마의 조선어 통역은 장사꾼들의 상거래 수준을 벗어나지 못한다고 개탄하였다. 호슈는 통역의 바람직한 상으로, 재(才)와 지(智)를 겸비하고 쓰시마의 입장을 깊이 생각하는 성실함이 있어야 하고 또한 분별력이 있으며 종래의 규범에 밝아야 한다고 하면서 이와 같은 인재를 양성하기 위한 교육기관 설치를 번주에게 건의하였다.

번주 소 요시노부(宗義誠)가 호슈의 건의를 수용함으로써 1727년 9월 1일에 일본에서 처음으로 3년제의 관립 조선어 통사 양성소가 개소되기에 이르렀다. '60인 상회'의 자제 12세~15세의 40여 명이 제1기생으로 입소하였다. 이 통사 양성소는 메이지 시대까지 존속되어 우수한 통역사를 다수 배출하였다.

그중에서도 오다 이쿠고로(小田幾五郎)가 단연 돋보이는 존재이다. 그는 1754년에 '60인 상회'의 집안에서 태어났다. 오다는 조선과의 무역에 종사하는 환경 때문에 어려서부터 조선어를 배웠고 13세에는 부산 초량 왜관에서 조선어 훈련 과정을 밟았다. 귀국 후에는 쓰시마 조선어 통사 양성소에 입소하여 본격적으로 공부하였다.

오다는 쓰시마 통역으로 활동하던 중 1780년부터 1785년까지 5년간 나가사키의 쓰시마 출장소에 파견되어 근무하였다. 당시 일본에 표류한 조선인은 모두 나가사키로 이송되어 쓰시마 출장소에 수용되었다가 귀국하였다. 따라서 오다는 나가사키에서 조선인 표류민의 문초, 송환 등에 관한 업무를 담당했을 것으로 보인다. 그는 근무하는 동안 당시 쇄국 일본에 있어 유일한 서양과의 접촉이 이루어진 나가사키에서 많은 것을 견문할 수 있었다. 오다는 나가사키 근무를 마치고 1792년에 다시 초량 왜관에서 근무하게 되었다.

오다는 조선의 역관으로부터 네덜란드인의 생김새에 대한 질문을 받고 "네덜란드인은 코가 높고 눈이 둥글며, 피부는 희고 비곗덩어리 같다. 오줌을 눌 때는 개와 같이 한쪽 다리를 든다."고 답했다고 자서 『통역수작(通譯酬酢)』에 기록하고 있다. 그는 나가사키에 근무하는 동안 나가사키 부교의 허가를 받아 네덜란드 데지마 상관에 들어간 적이 있다. 그때 그들의 생활의 일면을 관찰했던 것이다. 그런데 다산 정약용도 네덜란드인은 용변을 볼 때 '한쪽 다리를 든다'고 했다. 아마도 다산은 오다의 저서를 인용한 것으로 보인다.

오다는 78세로 타계할 때까지 약 50년간 쓰시마, 부산 왜관, 나가사키에서 근무하였으며, 통사로는 최고위직인 대통사의 지위에까지 올랐다. 그는 조선 근무 중에 수집한 다양한 자료와 체험을 바탕으로 여러 분야에 걸친 조선 관련 저서를 남겼다. 그는 아메노모리 호슈가 기대한 바 대로 번역가이자 학자로 활동하였다.

조선의 정치, 경제, 사회, 문화 등 각 분야를 백과사전식으로 정리한 『상서기문(象胥紀聞)』(통역견문)은 당시 조선의 사정을 엿볼 수 있는 역작이다. 정한론이 대두되던 메이지 초기에 소메자키 노부후사(染崎延房)가 1874년 오다의 『상서기문』의 내용을 발췌하여 『조선사정』으로 발간한 것을 보더라도 오다가 수집한 정보의 양과 질이 대단했다는 것을 짐작케 한다. 그는 또한 한글로 써진 『숙향전』과 『임경업전』을 필사하기도 하였다. 오다는 그야말로 공인된 스파이로서의 역할을 제대로 수행한 조선 연구가이자 통역이었다고 하겠다.

서양인이 본 조선 표류민

조선의 어선과 연안항행선은 봄철에 불어오는 강한 북서풍에 밀려, 거의 매년 일본 해안에 표착하였다. 신숙주의 『해동제국기』

(1472)에 1450년대부터 1470년대에 걸쳐서 규슈 지역의 영주들이 9명의 조선인 표류민을 송환시켜주었다고 기록되어 있는 것으로 보아 표류는 유사 이래부터 발생한 현상으로 보인다.

에도 막부는 외국인이 일본에 표착하는 경우, 그곳이 어느 지점이라 하더라도 표착지에서 식량 및 의류 등을 지급하고 일본 유일의 개항지 나가사키로 이송토록 하였다. 조선의 표류민들도 예외 없이 나가사키로 이송되어 나가사키 쓰시마번의 출장소에 머물다가 쓰시마번의 주선으로 귀국하였다. 예외적으로 표류민이 쓰시마에 표착한 경우에는 쓰시마번이 직접 조선으로 송환하고, 표류민의 출신지·인원수·직업·표류경위 등을 막부에 보고하도록 했다.

조선의 표착인들은 나가사키 쓰시마 출장소에서 순풍을 기다리며 때로는 수개월 동안 체재하면서 배를 수리하거나 기구 제작 등으로 소일한다. 그들의 숙소는 허술한 편이나 쌀, 신선한 야채, 생선 등의 식료품은 충분히 배급되며, 그들은 아무에게도 구속당하지 않고 시내를 자유롭게 다닐 수 있었다.

막부는 조선인 표류민의 일본 내 체재 비용과 송환에 따르는 경비 일체를 부담하였고, 일본인이 조선에 표착하는 경우에 조선도 상호주의에 따라 무상으로 송환해주었으나 일본인의 조선 표착은 소수에 불과하였다. 조선에 표착한 일본인은 부산 왜관에 보호되었다가 쓰시마를 경유하여 나가사키로 송환되어, 나가사키 부교의 조사를 받은 후 고향으로 돌아갔다.

1599년부터 1888년까지 일본 열도에 조선인의 표착은 모두 1,112건, 표류민의 숫자는 10,769명 정도이다. 1년에 평균 4건에 가까운 표착 사고가 발생한 셈이나, 전혀 송환 사례가 없는 해가 있는가 하면, 1814년과 1815년에는 1년에 거의 20차례 정도의 송환이 있었다. 거의 같은 기간 동안 일본인의 조선 표착은 약 132건, 표류민이 1,110여 명 정도로 조선인의 표착 10분의 1 정도에 불과했다.

한일 간의 표류민의 표착은 이문화와 접촉할 수 있는 유일한 수단이자 기회였던 측면도 있다. 표류민과 표착지 주민 간의 접촉에서 얻어지는 정보의 축적이 상대방에 대한 인식을 형성하는 계기가 되는 긍정적 측면도 있었다.

조선의 표류민을 수차례 면담하고 관찰한 독일인 의사가 있다. 앞에서 이미 소개한 지볼트이다. 그는 1823년 8월부터 1829년 12월까지 약 6년 반에 걸쳐 네덜란드 데지마 상관의 의사로서 근무하였다. 그는 본업인 의사 이외에 지리학, 민속학, 언어학, 의학, 자연과학 등의 분야에서 영역에서 광범한 자료와 다종다양한 문헌을 모아 연구를 하였다.

지볼트는 한 번도 조선을 방문한 적이 없으나 『조선어사전』도 편집할 정도로 조선에 대해 관심이 많았다. 마침 조선 표류민이 수용되어 있는 쓰시마 출장소(對馬屋敷)는 데지마 상관에서 엎어지면 코 닿을 데에 있었기에 지볼트는 조선인의 왕래와 일상생활을 관찰하기가 용이하였다.

지볼트는 1828년 3월 17일 일본 나가사키 앞바다에서 난파당한 세 척의 배에 탄 36명의 전라도 출신의 어민과 선원 그리고 몇 명의 상인들과 쓰시마 출장소에서 면담을 가졌다. 시볼트는 조선인을 처음으로 만났을 때 "그들의 태도가 나의 마음을 사로잡았다."고 기술하고 있다. 그는 이들 표착인들을 통해 조선인의 신체적 특질과, 습관, 언어, 문자 등을 파악하고, 연구했다.

그는 귀국하여 일본에 대한 종합연구서 『일본(Nippon)』을 1832년에 간행했다. 전 9권 중에 제5권 『조선』 편에 표착 조선인을 관찰한 내용을 바탕으로 한 조선의 문화, 언어, 조선인의 특징 등을 기술하고 있다.

조선인의 신장은 167cm 정도로 일본인보다 크고 균형 잡힌 체격이다. 성격은 일본인에 비해 개방적이고 낙천적이다. 언행은 일본인이나 중국인보다 활기가 넘치고 투쟁 정신이 강하며 먹고 마시는 것을 좋아한다. 그러나 교양과 생활방식의 세련 정도, 청결·친절의 면에서 조선인은 같은 계층의 일본인에 비해 좋다고는 할 수 없다고 했다. 한편 조선어의 알파벳은 일본어보다 훨씬 더 완전하여 중국어의 음을 충실하게 옮길 수가 있다고 했다. 지볼트는 학자답게 예리하게 관찰하고 제대로 평가했다고 하겠다.

김옥균,
나가사키에서 의형제를 맺다

김옥균은 안동 김씨 후예로 공주에서 태어났으나 강릉 부사와 형조 참의를 지낸 김병기의 양자가 되어 강릉과 서울에서 자랐다. 그는 22세 때 문과에 장원급제하여 홍문관 승지를 거쳐 호조 참판에 이르렀다.

김옥균이 어느 날 좌의정을 지낸 박규수의 사랑방에 들렀더니 그는 지구의(地球儀)를 돌려 보이며, "중국이 세계의 중심에 있는 것이 아니다. 이리 돌리면 미국이, 저리 돌리면 조선이 중심이 되는 법"이라고 하며, 중국 중심의 세계관을 벗어나야 한다고 강조했다. 박규수는 양무운동이 진행되던 중국을 왕래하며 서양 기술의 우수성을 목격하고 『해국도지(海國圖志)』, 『영환지략(瀛環志略)』 등의 세계지리서 등을 국내로 들여왔다.

1882년 3월 17일 김옥균은 변수, 강위 등 10여 명과 함께 일본 기선 지토세마루호(千歲丸) 편으로 부산을 출발하여 일본 방문길에 올랐다. 김옥균이 처음으로 밟은 땅이 나가사키이다. 그는 이곳에서 이례적으로 한 달간이나 머무르면서 일본 최초의 사진관 '우에노 촬영국'에서 기념사진을 찍기도 하고, 지사 예방, 현의회 방청, 재판소 방문, 학교 견학 등 의욕적으로 활동하였다. 사이카이신문(西海新聞)은 '조선의 개화당 영수 나가사키 방문'이라는 기사에서 일본 근대화에 각별한 관심을 갖고 있는 지도자라고 소개했다. 한편 나가사키 주재 청국 영사는 김옥균의 일본 방문 목적과 활동을 은근히 알아볼 속셈으로 나가사키에서 꽤나 알려진 양식 레스토랑 후쿠야(福屋)로 초대했다. 김옥균은 중국을 좋아하지 않는다고 하면서도 청국 영사가 초청하는 만찬에 응하고 밤늦게까지 필담을 나누었다.

3월 26일에는 나가사키 지사가 현을 대표하여 일본 최초의 서양 요릿집 지유테이(自由亭)에서 김옥균을 위한 환영만찬을 베풀었다. 이 자리에는 현의장, 부의장 등의 현청의 간부와 중국 영사가 동석하였다. 나가사키현으로서는 성의를 다하여 영접했다. 아마도 김옥균 자신은 일찍이 조선에서도 이런 환대는 받아보지 못하였을 것이다. 김옥균은 붓을 들어 즉석에서 시를 지어 지사를 비롯한 내객들에게 기념으로 증정하는 호기를 부렸다.

이 중 한 편이 현지 신문에 소개되었다. '멀리 조선에서 일본에 온 소이는 선린우호를 위해 저명인사들과의 친교를 맺기 위함이오'라는 것이다. 이는 단순히 김옥균의 객기 어린 말장난이 아니라 진심의 일단을 표현한 것으로 보인다. 김옥균은 일본 사람들이 진담 반, 예의 반으로 늘어놓은 칭찬에 그리고 처음으로 맛본 와인에 마음도 몸도 한껏 취했다. 저녁 6시에 시작한 만찬이 새벽 한 시에 끝났다.

김옥균은 나가사키에서 지인의 소개로 27세의 와타나베 하지메(渡辺元)와 인연을 맺게 된다. 와타나베는 광산을 경영하는 실업가이자 현의원이다. 김옥균은 그를 만나 조선의 국정 개혁을 논하면서 부국의 길은 광산업에 있다고 하여 그를 기쁘게 했다. 이를 계기로 둘은 의기투합하여 의형제의 결의를 맺었다. 수일 후 김옥균은 한복에다 갓을 쓰고 긴 담뱃대를 입에 물고 일행 열 명을 대동하고 와타나베의 자택으로 행차했다. 그는 넉살맞게 와타나베의 노모에게 큰 절을 하며 앞으로 어머님으로 모시겠다고 하였다.

김옥균은 2개월간의 도쿄 방문을 마치고 귀국하기 위해 다시 나가사키에 들러 와타나베를 만났다. 김옥균은 와타나베를 광산 고문으로 조선에 초청하고 싶다는 의향을 표명했다. 그 후 실제로 와타나베가 소개한 광산 기사가 함경도에 가서 조사한 기록이 있으나 결과는 신통치 않았다. 와타나베는 처음엔 조선의 광산 개발권을 얻으려는 속셈으로 김옥균에게 접근했지만 광산 개발이 무산되고 김옥균이 망명객 신세로 전락한 후에도 지원을 아끼지 않았다. 도쿄에서 양장점을 하는 와타나베의 애첩 아오키 다케가 망명객 김옥균에 대한 모든 연락을 도맡아 하고 김옥균의 노름빚도 갚아주었다.

김옥균이 다시 나가사키를 방문하게 된다. 1884년 12월 4일 김옥균 등 급진개화파가 일으킨 갑신정변이 3일 천하로 막을 내리자 김옥균은 박영효, 일본 공사 등과 함께 인천에 정박해 있던 지토세마루호로 피신하였다. 조선 정부가 신병인도를 요구했으나 쓰지가쓰사부로(辻勝三郎) 선장이 단호히 거부하여 무사하였다. 그때 쓰지 선장이 김옥균에게 붙여준 일본 이름이 이와타 슈사쿠(岩田周作)이다.

김옥균 일행은 나가사키, 고베를 거쳐 12월 하순에 도쿄의 후쿠자와 유키치의 집에 도착했다. 후쿠자와는 현관에서 이들을 맞이하며 "용케도 살아 왔구나." 하면서 샴페인을 터뜨려 도일을 축하했다. 김옥균은 후쿠자와의 유도에 따라 갑신정변을 일으켰지만 둘 사이는 동상이몽의 관계였다. 사실 후쿠자와는 김옥균에게 버거운 상대였다. 그는 김옥균보다 16세의 연상에다 1860년대에 이미 미국 등을 세 번이나 견문하고, 정치, 사회에 관한 영어 원서를 다수 번역, 출간한 당대 최고의 경륜가였다.

망명 초기에는 후쿠자와 등 유력 인사들이 김옥균의 재기를 위해 물심양면으로 많이 도왔지만, 조선의 거듭되는 신병인도 요구와 암살 기도가 끊이지 않자 점차 태도가 싸늘해져 갔다. 일본 정부는 정치범 불인도 원칙을 들어 그의 신병인도를 거부하고 있긴 하나 점차 김옥균을 애물단지로 여기게 되었다.

망명생활 1년 반쯤 지난 1886년 6월, 야마가타 아리토모 내무상은 갑자기 김옥균에게 15일 이내의 국외퇴거를 명령하였다. 김옥균은 우여곡절 끝에 8월 29일 선편으로 귀양지 오가사하라에 끌려왔다.

필자는 몇 년 전에 김옥균이 일본에서 유배생활을 한 오가사하라제도, 홋카이도 등지를 둘러본 적이 있다. 오가사하라제도는 도쿄에서 남쪽으로 천 킬로미터나 떨어진 외진 곳으로 6일에 한 번 운항하는 여객선으로 25시간 반 정도가 소요된다. 3박 4일 머무는 동안 김옥균이 기거했다는 곳을 둘러보았지만 어떤 흔적도 남아 있지 않다. 그가 살았다는 집터엔 열대의 덩굴만 무성하게 뒤엉켜 있다. 향토 지리지와 중고등학교 부교재에 그의 사진과 함께 실린 한 쪽 분량의 설명문이 전부이다.

김옥균은 힘겨운 유배생활 끝에 유일한 타개책은 조선의 상전 노릇을 하고 있는 이홍장과의 직접 담판뿐이라는 결론을 내리고, 이홍장의 양아들 이경방 주일 청국 공사에게 양부와의 면담 주선을 의뢰했다. 김옥균은 단 5분만이라도 이야기할 시간이 주어진다면 설득할 자신이 있다고 큰소리를 쳤다. 그러나 일찍이 이홍장은 이경방에게 김옥균은 "재주는 좀 있으나, 때로 그 몸을 위험에 빠뜨리기에 족하다."라고 했으니 어찌하랴!

10년 가까운 망명생활에 심신이 지친 김옥균은 활동비 지원을 미끼로 접근한 암살 주모자 이일직의 함정에 빠져들고 말았다. 이

일직이 건네준 5천 달러의 어음을 상하이로 건너가 현금화한 다음 톈진으로 가서 이홍장을 만날 셈이었다. 5천 달러는 일본 엔으로 환산하면 1만 엔, 당시 국회의원 연봉이 8백 엔이니 국회의원 12년분의 세비에 상당하는 거액이었다. 그러나 5천 달러의 어음은 위조로 미끼에 불과한 휴지 조각이었다.

김옥균은 1894년 3월 23일에 고베에서 상하이로 가는 일본 상선 사이쿄마루호(西京丸)에 승선하였다. 네 명의 일행에 오가사하라의 소년 와다 노부지로, 청국 공사관 통역 오보인, 그리고 기이하게도 이일직의 하수인 홍종우가 끼어 있었다. 김옥균은 주위로부터 홍종우를 조심하라는 충고를 수차 받았는데도 계산을 도맡아 처리해준 홍종우와 고베의 같은 호텔에 투숙하여 어울려 먹고 마셨다. 김옥균의 이와 같은 태도는 참으로 이해하기 어렵다. 대범한 것인가, 아니면 자포자기인가.

홍종우에게 살해되는 김옥균(도쿄게이자이대 도서관, 1894)

3월 24일 저녁, 사이쿄마루호는 나가사키에 기항했다. 김옥균이 상하이로 가는 길에 나가사키에 기착했을 때, 와타나베는 도쿄 출장 중이었고 와병 중인 노모가 혼자 집을 지키고 있었다. 김옥균은 상대방이 문병을 거듭거듭 사양하는데도 노모를 방문하고 늘 몸에 지니고 있던 염주를 선물로 주었다. 그는 고향의 어머니를 만난 것처럼 기쁘다는 말을 유언처럼 남기고 죽음의 여로에 올랐다.

1894년 3월 28일. 김옥균은 상하이 미국 조계 내의 일본인 경영 동화양행 호텔 2층 3호실에서 홍종우가 쏜 피스톨 세 발의 총탄으로 44년간의 생애를 어이없게 마감했다. 김옥균의 묘는 일본 도쿄에 두 곳, 한국에 한 곳, 모두 3기나 된다. 도쿄에는 아오야마(青山) 외국인 묘지와 신조사(眞淨寺)에 각각 한 기씩 있다. 두 곳에 있는 묘비 모두 주위의 묘비에 비해 터무니없이 크다. 묘라고 하지만 그의 머리털, 옷가지 등을 매장한 것에 지나지 않는다. 지금도 해마다 그의 기일엔 일본인들이 아오야마 묘지에서 추모회를 열고 있다. 아오야마의 묘 비석에는 박영효가 지었다는, '대단한 재능을 가지고도 때를 잘못 만나 큰 공을 세우지 못하고 뜻밖에 죽음을 맞이하였네'라고 시작하는 850여 자의 긴 조사가 새겨져 있다.

한편 도쿄 분쿄구의 신조사에 있는 김옥균의 묘는 나가사키 출신의 사진 기사 가이 군지(甲斐軍治)의 묘와 나란히 있다. 1883년 6월 김옥균이 3백만 원의 국채 모집을 위해 방일했을 때 가이 군지를 수행시켰다. 그는 김옥균의 도움으로 조선에서 사진업을 하는 한편 정보원 노릇도 했다고 한다. 가이 군지는 고인을 위해서 무언가를 해야 한다는 의리감에서 효수된 김옥균의 사진을 촬영하고 머리털

약간을 훔쳐 일본으로 돌아가 가묘를 만들었던 것이다. 그는 유언으로 자신의 묘를 김옥균 선생 묘 옆에 만들되 크기는 선생의 비보다 작게 하라고 했다고 한다.

필자는 몇 년 전에 김옥균의 기일에 맞춰 소주 한 병을 들고 혼자 충남 아산시 영인면 아산리에 있는 그의 묘를 참배했다. 자중자애하면서 진득이 때를 기다렸다면 웅지를 펼칠 기회가 있었던 것이 아니었을까 하는 아쉬움을 떨쳐버릴 수가 없었다.

도쿄 아오야마 묘지와 신조사에 있는 김옥균의 묘

국경을 넘은 일본 멜로디

30여 년의 외교관 생활 중에서 가장 기억에 남는 것은, 1990년 1월 29일, 한국 외교관으로서 최초로 젊은 동료 한 명과 같이 '모스크바 영사처' 개설 요원으로 모스크바 공항에 첫 발을 디뎠을 때이다.

어느 정도 소련 사정에 익숙해진 5월, 중앙아시아 타지키스탄 공화국에 사는 고려인들을 방문하러 나섰다. 인구 6백여만, 14만㎢의 산악 국가 타지키스탄에는 약 2만 3천여 명의 한국인의 후예가 살고 있다. 중국에서는 한국계를 '조선인'이라고 칭하지만 소련과 러시아에서는 '고려인'으로 부른다.

고려인촌에 갔더니 예상치도 않게 '남한'에서 귀한 손님이 왔다고 하여 온 마을이 소란스러워졌다. 저녁에 김세르게이 촌장 댁에서 20여 명이 모여 환영파티가 열렸다. 한국 사람은 어디를 가나 한잔하면 으레 한 곡조를 뽑아야 직성이 풀리는 것은 이곳에서도 마찬가지였다. 타고난 음치지만 나도 보드카를 한잔하고 어쩔 수 없이 한 곡을 불러야 했다. 저녁식사가 마무리될 무렵에 60대 후반의 세르게이 촌장이 불콰해진 얼굴에 기분 좋은 표정으로 일어서더니 18번을 부르기 시작하였다.

"동산에 달이 솟아 창에 비추니 어연간에 깊이 든 잠 놀라 깨었네. 사방으로 자세히 돌아 살피니 꿈에 보던 내 고향 완연하도다."

서울에서 가끔 듣던 〈고국산천〉이다. 돌아갈 길 없는 고국을 그리워하며, 한국인도, 조선인도 아닌 '고려인'으로 살아야 하는 애환이 묻어나는 구성진 노랫가락에 나오려는 눈물을 참느라고 모두의 시선이 허공을 향했다. 그 후 우즈베키스탄, 카자흐스탄을 방문했을 때도 저녁 회식 때에는 예외 없이 〈고국산천〉이 등장했다. 중앙아시아에서는 으레 회식은 〈고국산천〉으로 마무리 짓나보다 했다.

그 후 1990년대 중반 후쿠오카에 근무하던 때, 어느 교민들 저녁 식사 모임에 참석했더니 나이 지긋하신 어르신이 '동산에 달이 솟아'를 부르지 않는가. 그래서 관심을 갖고 자료를 찾던 중 구마모토(熊本)에 사는 강신자 작가의 『일한 음악 노트』라는 저서를 통해 노래에 얽힌 사연을 알 수 있었다. 강신자 씨는 도쿄대학 법학부를 졸업하고 작가로서 활동하면서 음악 분야의 일을 하고 있는 특이한 경력의 소유자이다.

〈고국산천〉은 일본인에 의한 최초의 왈츠 곡으로서 나가사키의 사세보(佐世保) 앞바다에 떠 있는 구주쿠시마(九十九島)의 아름다운 풍경을 노래한 것이다. 사세보 해군 군악대장 겸 사세보 여학교 음악교사였던 다나카 호즈미(田中穗積)는 학생들의 교재용으로 작곡을 준비하고 있었다. 그는 바다와 섬들이 내려다보이는 산봉우리에 앉아 시상을 가다듬기도 하였지만 좀처럼 '이거다' 하는 것이 떠오르지 않아 고심하였다.

어느 날 우연히 잡지에서 국문학자이자 시인인 다케시마 하고로모(武島羽衣)의 「아름다운 자연」이라는 시를 읽고 머릿속에 떠도는 멜로디의 이미지와 시의 내용이 잘 맞을 것이라는 직감이 들어 1902년에 그 시에 곡을 붙였다. 감미로운 왈츠의 이 멜로디는 사세보 여학생들뿐만 아니라 전국적으로 일본인의 마음을 사로잡아 오랫동안 애창되었다.

'아름다운 자연'은 이윽고 1916년에 한반도로 건너와 〈고국산천〉으로 선을 보였다. 이 멜로디는 단음조에다 3박자로 한국의 민요와도 유사하다. 한국에서 사랑을 받던 〈고국산천〉은 일제 강점기에 고국을 등져야 했던 유랑민들과 함께 만주와 소련의 극동지방으로 흘러들어 갔다.

극동 지역에 살던 17여만 명의 조선인들은 1937년 중일전쟁의 본격화와 더불어 일본의 앞잡이 노릇을 할 우려가 있다고 하여, 하루아침에 스탈린에 의해 중앙아시아로 강제 추방되었다. 그곳에 정착하면서 애달프고 고된 삶을 잠시나마 노래로 달랠 때 〈고국산천〉의 애잔한 멜로디를 고국을 향해 읊었다. 사세보에서 시작된 멜로디가 한반도, 러시아의 극동지방 그리고 중앙아시아로 흘러간 여정은 우리 민족의 슬픈 가시밭길을 상징한 듯하다.

나가사키의 대학에 재임 중이던 어느 날, 니이 다카오(仁位孝雄) 사진작가의 안내로 차 속에서 〈아름다운 자연〉을 들으면서 지휘봉을 든 다나카 호즈미의 동상이 서 있는 덴카이봉(展海峰)에 올라간 적이 있다. 나는 동상 앞에서 '선생님께서 작곡한 선율이 가혹한 운명에 우롱된 유랑민들의 마음을 위로해 주고, 그들이 많은 어려움을 극복할 수 있도록 마음의 지주 역할을 해주었습니다. 감사합니다.' 하며 묵념을 했다.

〈고국산천〉 이외에도 한반도에 유입된 창가는 다수 있다. 창가는 원래 1872년 일본에서 새로운 학제를 실시하면서 처음 도입한 교과목으로 노래나 노래 시간 자체를 의미한다. 그러다가 1941년 음악으로 개칭했다. 창가는 주로 서양 음악 계통의 짧은 가곡이며

가사는 교육적인 내용이 많다. 곡은 서양의 민요, 찬미가, 학교 음악이 대부분이다. 우리나라는 갑오경장 이후 일본 악곡 형식을 빌려 지은 간단한 노래를 창가라고 했다. 일본과 마찬가지로 창가는 '노래'와 '노래한다'는 뜻을 지닌다.

'학도여 학도여 청년 학도여'로 시작하는 〈학도가〉는 대표적인 창가로 꼽히는데 이 곡은 7·5조의 일본 철도 창가의 곡에 가사만 바꾼 것이다. 〈철도 창가〉는 66번까지 있는 긴 노래로, 도쿄음악학교 출신의 오사카사범학교 교사였던 오노 우메와카(多梅稚)가 작곡했다.

이 곡은 일본에서 크게 히트쳤고, 마침내 경부선 철도를 완성한 1905년경 한반도로 건너와 〈학도가〉로 변신하더니 중국에서는 〈용진가〉로 둔갑했다. 멜로디는 예나 지금이나 입에서 입으로, 마음에서 마음으로 흘러가는 것인가 보다.

덕혜 옹주의
마르지 않은 눈물

덕혜 옹주는 대한제국 고종 황제가 환갑을 맞이하던 1912년에 후궁 권녕당 양 씨와의 사이에서 고명딸로 태어났다. 고종에게는 세 명의 딸이 태어났으나 전부 한 살을 못 넘겼다.

고종은 옹주의 재롱에 폭 빠졌다. 눈에 넣어도 아프지 않은 딸을 위해 덕수궁 내에 유치원을 설치해 주고 조슈번 출신 데라우치 마사타케(寺內正毅) 총독을 움직여 옹주를 황적에 입적시켰다. 고종과 데라우치는 우연히도 생몰년이 같다. 옹주가 태어나던 당시 조선은 일본의 지배하에 있었으나 부왕의 비호 아래 덕수궁에서 행복한 유년시절을 보낼 수 있었다. 그러나 옹주가 여덟 살 되던 1919년에 고종의 붕어로 상황은 급변하였다.

조선 사회에서 후궁 소생에게는 태어날 때부터 가혹한 운명의 시련이 기다리고 있기 마련이다. 덕혜 옹주는 태어날 때는 호적상 이덕혜, 쓰시마 도주 소 다케유키(宗武志)와 결혼해서는 종(宗)덕혜, 1955년 이혼 후에는 양덕혜로 각각 입적되었다. 성씨를 세 번씩이나 바꿔야 했던 굴곡진 삶의 여정이었다.

옹주는 서울의 히노데소학교를 거쳐 일본에 강제 유학을 가서 1925년 4월 도쿄에 있는 여자학습원에 입학하게 되었다. 옹주는 동급생들과 어울리지 않았으며, 묻는 말에는 '응', '아니'라고 짤막하게 응수하는 게 고작이었다.

옹주는 도쿄에 있는 영친왕 부처의 집에서 기거하면서 통학했으나 고독한 나날이었다. 영친왕 이은은 배다른 오빠이며, 11세 때 이토 히로부미 통감에 의해 강제로 일본에 끌려가 일본 교육을 철저히 받은 데다 나이 차이가 무려 25살이나 되어 대하기가 조심스러웠다. 게다가 새언니뻘인 영친왕 부인은 일본인 마사코(方子)였다. 따라서 자연히 소원한 관계가 될 수밖에 없었다. 13세의 다감한 외톨이 소녀 옹주는 이국생활에 적응하지 못하고 혼자 몸부림쳐야 했다. 이런 와중에 아버지 고종 대신에 옹주를 보살펴주던 순종 황제마저 1926년 4월 붕어하여 더욱 고적한 신세가 되었다. 옹주의 친모

양 귀인도 융희황제라는 버팀목이 사라지자 창덕궁에서 나와 계동의 친정집으로 옮겨야 했다.

엎친데 덮친 격으로 옹주가 18세 되던 1929년 5월 30일, 생모 양 귀인이 유방암으로 영면하였다. 옹주는 부보를 접하고 서둘러 귀국 준비를 하여 6월 2일 한양에 도착하였다. 당연히 빈소가 마련된 계동으로 가서 성복(成服) 차림으로 참렬하려고 했다. 그러나 일본 궁내성 제정의 왕공가(王公家) 규범에 의하면 권녕당 양 귀인은 왕족이 아니기 때문에 왕족인 덕혜 옹주가 복상할 수 없으며 따라서 상복도 착용 못 하고 다만 출관하는 당일 사적으로 일시 상복 착용이 가능하다는 것이었다. 생모가 왕실에 편입이 안 되었기 때문에 복상할 수 없다는 비정한 현실에 아연해질 따름이었다. 3년 복상은커녕 사십구재도 엄수 못 하고 6월 7일 저녁 쫓기듯 일본으로 돌아갈 수밖에 없었다.

어머니를 잃고 천애고아의 슬픔을 안고 이국으로 혼자 돌아가야 했던 18살 청춘의 애끓는 심정을 어이 헤아릴 수 있겠는가. 영친왕의 친모 엄비가 타계했을 때, 영친왕은 3주간 한양에 체재하였고 9개월간 복상하였다. 일본 궁내성이 왕공가 규범을 고집한 진짜 이유는, 덕혜 옹주의 연구가 혼마 야스코(本馬恭子) 씨에 의하면 덕혜 옹주가 조선 민족의 국민적 우상이었기 때문이었다고 한다.

옹주는 학교생활에서 일본인들의 멸시적 시선 그리고 모친의 타계와 복상 불허 등으로 인해 심적으로 큰 타격을 받은 것이 분명하다. 사람을 미치도록 몰고 가는 것과 다름없는 매정한 현실이었다. 1930년 여름부터 옹주는 학교에 가고 싶지 않다며 종일 누워 지내고, 식사도 제대로 하지 않고 밤에는 불면증에 시달렸다. 밤에 갑자기 나가서 거리를 쏘다니기 시작하자 영친왕은 덕혜를 정신병원에 데려갔다. 진찰 결과 정신분열증을 의미하는 조발성치매라는 진단이 내려졌다. 의사가 요양하기를 권하여 영친왕은 덕혜를 오이소 별장으로 보내 휴양토록 하였다.

덕혜의 병세가 어느 정도 안정되어 가던 1930년 11월, 궁내성의 각본에 따라 장래의 남편이 될 소 다케유키(宗武志) 백작과 구조(九條) 공작의 저택에서 선을 보았다. 선을 본 이상 결혼하는 것은 당시의 불문율이었다.

다케유키는 구로다 집안에서 태어났다. 부친 구로다 요리유키(黑田和志)는 본래 쓰시마 제33대 도주 소 시게마사(宗重正)의 친동생으로 구로다 집안으로 양자로 갔다. 그의 아들 구로다 다케유키가 다시 소씨 집안으로 양자로 가서 제35대 도주를 이어 받았다. 그리고 1884년 구시대의 다이묘를 공·후·백·자·남작으로 나누는 화족령의 실시에 따라 소 다케유키는 백작으로 봉해졌다.

다케유키는 1918년 쓰시마로 가서 약 7년간 체재하면서 초·중등 과정을 마치고 도쿄로 돌아와 학습원 고등과를 졸업, 1931년 도쿄제국대학 영문학과를 졸업하였다. 덕혜 옹주도 그해에 여자학습원 본과를 졸업하였다. 다케유키는 영문학을 전공하면서도 시와 그림에도 조예가 깊었다.

일본 궁내성은 덕혜 옹주를 쓰시마 도주 소 다케유키와 혼인시키기로 사전에 결정해 놓고 당사들의 의사와는 관계없이 밀어붙였다. 동아일보와 조선일보가 결혼설을 심심찮게 보도하였다. 당연히 조선으로서는 저항했다. 조선의 왕녀가 황족도 아닌 백작, 그것도 조선이 신하 취급하던 쓰시마의 도주와의 결혼은 어불성설이었다. 그러나 일본 통치하에 있는 조선으로서는 저항해 봤자 먹힐 리가 없었다.

1931년 5월 8일 결혼식이 거행되었다. 당시 조선일보는 결혼식을 보도했으나 신랑을 빼고 신부만 보이는 사진을 게재하였다. 옹주는 결혼 후에는 기이하게도 한동안 병의 증세가 나타나지 않은 소강상태였다. 10월에는 신혼부부가 쓰시마를 방문하여 큰 환영을 받기도 하였다. 그러나 1932년 8월 장녀 정혜를 출산한 전후부터 병의 재발 조짐이 나타나기 시작하였으며 결혼생활은 원만치 못했다. 남편은 대학 강의 준비와 시작(詩作)에 몰두하느라고 서재에 틀어박혀있고, 옹주는 멍한 시선으로 허공을 바라보다 혼자 웃고 울다 하였다.

일본의 패전으로 이들 가족의 신분에도 변화가 찾아왔다. 왕족의 특권을 상실하고 영친왕, 덕혜 옹주는 재일한국인으로서 등록하게 되었다. 1946년 가을, 소 다케유키 가족 3인은, 재산세 납부 때문에 결혼 이후 15년간 살았던 저택을 처분하고 서민주택으로 이사하지 않으면 안 되었다. 백작에서 한 시민으로 살아가야 했다.

가정부나 도우미를 고용할 형편도 못 되어 결국 덕혜 옹주를 도쿄도립 마쓰자와병원에 입원시킬 수밖에 없었다. 덕혜 옹주가 마쓰자와병원에 입원한 지 7년여가 지난 1955년 6월, 소 다케유키와 덕혜 옹주는 이혼하고 그해 가을 정혜는 스즈키라는 청년과 결혼했는데, 놀랍게도 다케유키도 같은 해에 재혼하였다. 다케유키는 정신질

1931년 가을, 결혼 후 처음으로 쓰시마를 방문한
소 다케유키와 덕혜 옹주

환을 앓고 있는 아내 때문에 심적으로 많은 고생을 했음은 틀림없다. 비록 정략결혼으로 맺어진 부부이긴 하나 그 나름대로 덕혜 옹주와 좋은 가정을 이루고, 정혜의 좋은 아버지가 되려고 노력했다. 다케유키는 정혜에게 애정을 쏟았다. 해마다 딸의 초상화를 그리고 10살의 딸아이와 함께 1박 2일의 등산도 하였다. 그러나 덕혜 옹주와 이혼한 직후 마치 기다렸다는 듯이 재혼하였다.

그는 자신의 시집 『해향(海鄕)』의 「한회(閑懷)」라는 시에서

"사랑스러운 아내여 떠나지 말아줘요 사랑하는 자식을 우리가 품어야 되리"

라고 읊었지만 왠지 그 시의 울림이 공허하게 들린다.

그의 재혼 다음 해 1956년 8월 정혜는 죽으러 간다는 몇 줄의 메모를 남기고 행방불명이 되었다. 덕혜 옹주는 1962년 귀국했으나 건강을 되찾지 못하고 1989년 4월 21일 창덕궁 낙선재에서 비극적인 생애를 마쳤다. 다케유키는 덕혜 옹주 서거 4년 전, 1985년 4월 77세로 타계했다.

여담. 1931년 가을 쓰시마 거주 동포들이 소 다케유키와 덕혜 옹주의 결혼식을 축하하기 위해 상애회를 조직하여 성금을 모아 이즈하라 하치만구 앞 광장에 높이 2미터, 폭 1미터의 결혼기념비를 건립하였다. 그러나 기념비는 이들의 결혼생활이 파탄이 나자 주민들에게 잊혀 가고 마침내는 철거되었다. 널브러져 있는 비석 위에는 잡초 넝쿨만 무성하여 본체의 모습을 알아볼 수 없을 정도였다. 이를 안타깝게 여긴 한일 양국의 유지들이 기념비 재건립 운동을 추진한 결과 2001년 11월 가네이시 성터에 기념비를 복원하였다.

오카 마사하루 기념 자료관

원자폭탄이 투하되어 엄청난 피해를 입은 나가사키에 원자폭탄이 투하되기까지 일본이 걸어온 역사적 과정에 대한 성찰과 함께 일본의 가해 사실도 직시해야 한다고 주장한 기관이 있다. 나가사키역 건너편 언덕에 자리한 '오카 마사하루 기념 나가사키 평화자료관'이 바로 그곳이다.

오카 마사하루(岡正治)는 목사, 나가사키 시의원, '나가사키 재일조선인 인권을 지키는 모임' 대표 등등의 다양한 얼굴을 지닌 시민운동가였다. 오사카 출신의 그는 1956년 목사로서 나가사키에 부임해온 이래 피폭지 나가사키가 별로 관심을 안 보였던 일본 정부의 가해와 배상 책임 문제를 거론하고 또한 조선인 원폭 피해자 실태조사에 착수하였다.

1965년에 나가사키 '재일조선인의 인권을 지키는 모임'을 결성하여 뜻 있는 시민들과 함께 조사 활동을 계속하여 『원폭과 조선인』(전6집)을 간행하였다. 1979년에는 원폭 공원의 한편에 나가사키 원폭 조선인 희생자 추도비 건립을 주도하였다. 지금도 매년 8월 9일 이른 아침에 시민들의 참가하는 가운데 추도집회가 개최된다. 또한 오카 마사하루 대표는 군칸지마로 널리 알려진 하시마에서 1925년부터 1945년 사이에 사망한 조선인 노무자 1,222명에 대한 사망 진단서의 문서를 찾아내서 사망 원인을 밝혀내었고, 조선인들 대부분이 위험한 작업장에 배치되어 압사, 질식사, 폭발사고 등으로 희생당한 사실을 『원폭과 조선인』(제4집)에 역사의 기록으로 남겼다.

마사하루 목사는 만년에 일본의 가해 책임을 분명히 하고, 재일 한국인에 대한 차별을 철폐, 정부의 보상 실현을 촉구하기 위한 자료관의 설립에 심혈을 쏟았다. 그러나 구체적인 실현 단계에 접어들던 1994년 7월 21일 돌연히 타계하고 말았다.

나가사키대학 다카자네 야스노리(高實康稔) 교수를 중심으로 한 회원들은 오카 마사하루의 유지를 받들기 위해 4층의 중국요리점의 빌딩을 매입·개수하여 마침내 1995년 10월 1일 감격적인 개관식을 거행할 수 있었다. 역사교과서 문제, 야스쿠니 신사참배 등으로 한중일 간에 갈등과 알력의 파고가 높았던 어려운 시기를 극복하고 기념관을 개관한 시민들의 활동은 대단하다고 하겠다.

부지와 건물의 확보 및 매입 과정에서 행정기관이나 경제 단체에 손을 내밀지 않고 시민들의 자발적인 기부금을 모아 개관하였다. 운영협의회가 중심이 되어 여러 가지의 전시 계획을 협의하고 있으며, 이 협의회에는 주부, 교사, 회사원, 연금 생활자, 학생 등 일반인이 참여하고 있다. 오카 마사하루 기념관은 명실공히 '민중에 의한, 민중을 위한 자료관'이라는 자부심을 갖고 있다.

1995년 개관 이래 30명의 자원봉사자들이 1일 2교대로 근무하고 있으며 운영비는 회원들의 회비로 충당하고 있다. 일본의 시민운동은 한국에 비해 화려하지 않으나 장기간 지속되는 특징이 있다. 필자는 나가사키에 거주할 때, 이들을 응원하는 마음에서 오카 마사하루 기념관 회원으로 등록하여 기념관 주최의 강연회 등에도 참석하였다.

자료관에는 일본의 가해와 조선·중국인의 피해를 적나라하게 보여 주는 자료 등이 전시되어 있다. 강제 연행·강제 노동, 일본의 조선·중국 침략, 일본군 위안부 등 다른 자료관에서는 좀처럼 보기 어려운 자료들을 빼곡하게 전시하고 있다.

전국 각지의 중고등학교로부터 견학생들이 와서 둘러보고 뭔가를 깨달은 듯한 표정을 짓고 나가는 모습을 여러 번 목격하였다. 참관자들이 남긴 감상문에는 "다른 박물관에서 다루지 않고 있는 강제 연행, 조선인 원폭 피해자의 사진 등을 전시하는 것에 강한 인상을 받았다.", "사진과 증언록을 보고 눈물이 날 것 같았다. 내가 울기보다는, 일본이 사죄하고 보상하는 것이 나에게 위안이 될 것이다." 등이 적혀 있다. "일본인이 가해의 진실을 알아야 피해자의 아픔에 공감하고, 전쟁 없는 세상으로 한 발 더 나아갈 수 있습니다."라는 고인의 절규에 동감하는 것이라 하겠다.

다카자네 야스노리 이사장은 이곳을 찾은 한국 대학생들에게 "나가사키의 공교육은 원폭의 무서움만 가르친다. 가해 부분은 가리고 피해를 강조하고 있다. 평화자료관은 이 같은 패턴을 개선하고 싶다."고 말했다. 일본의 원폭 피해를 강조하는 나가사키 원폭자료관에 연간 약 30만 명이 찾는데, 가해를 고발하는 이곳 평화자료관은 연간 약 5천 명이 방문한다고 한다.

한국인 강제 동원 피해자 전후 보상을 두고, 다카자네 이사장은 "가해자가 피해자에게 사죄도 보상도 하지 않는 무책임한 태도는 국제적인 신뢰를 배반하는 것이다. 독일에 비하면 일본은 보상할 마음의 준비조차 돼 있지 않다."고 지적했다. 독일은 통일 이후 '기억·책임·미래' 재단을 만들어 유대인·폴란드인 등 강제 노동 피해자들에게 7조 엔을 보상했다는 것이다. 강제 징용을 부정하고 평화헌법의 개헌을 밀어붙이려는 일본 극우 정치인들에게 그는 강한 우려를 나타내는 한편 평화헌법을 지키는 데 힘을 쏟겠다고 힘줘 말했다.

애석하게도 2017년 4월 다카자네 이사장이 급환으로 서거하고 말았다. 그는 개관 이래 이사장을 맡아 정력적으로 활동해 왔으며 또한 2005년 대학 정년퇴직 후 '나가사키 재일조선인의 인권을 지키는 모임'의 회장직을 맡아 수고를 아끼지 않았다. 삼가 고인의 명복을 빈다.

오카 마사하루 기념관

부산의 야경이 보이는 쓰시마

화창한 날에는 부산의 윤곽이 아스라이 보이고, 밤에는 부산의 야경이 가물거리는 쓰시마. 흔히 우리가 대마도라고 부르는 이 섬은 이국땅이라고 하기에는 너무나 가까운 곳이다. 국경의 섬이라는 숙명 때문에 쓰시마는 외부로부터 공격의 목표가 되기도 하였고 때로는 조선 침략에 앞장서야 했다.

이곳 주민들은 부산까지 직선거리로 50킬로미터에 불과하다며 지리적으로나 얼마나 한국과 가까운지를 버릇처럼 강조하곤 한다. 일본 본토와 132킬로미터나 떨어져 있어 위급할 때는 부산으로 노를 저어갔던 시절도 있었다고 한다. 쓰시마와 부산은 지리적 근접성으로 다양한 교류가 이루어지고 있다. 쓰시마의 면적은 서울시보다 약간 큰 696평방킬로미터, 인구는 3만 명 정도인데 2017년 이곳을 방문한 한국인은 40만 명을 상회하였다.

"산이 험하고 산림이 울창하며, 길은 날짐승과 노루가 지날 정도다. 천여 호의 마을이 있으나 쓸 만한 논밭이 없어, 해산물을 주로 먹고 배를 타고 남북으로 장사하러 다닌다."

3세기 무렵 중국 사서 『위지 왜인전』에 나오는 쓰시마에 대한 기록이다. 동서 18킬로, 남북 82킬로의 가늘고 긴 지형은 1,700여 년의 세월이 흐른 지금도 옛날 중국인이 기술한 내용과 크게 달라진 게 없다. 수천 명에 불과하던 인구가 3만여 명으로 늘었고 노루가 지나다니던 비좁은 산길이 일차선이긴 하나 포장되어 자동차가 달릴 수 있다. 쓰시마 개발은 아직도 한참 뒤의 일인 듯하다.

쓰시마 인구는 해마다 줄어든다. 쓰시마에 있는 고등학교 졸업생 약 5백 명이 졸업과 동시에 도시로 나가면 그만이다. 섬에 마땅한 일자리가 없기 때문에 젊은이들이 대학 진학과 취업을 위해 도시로 빠져나가는 것이 불가피하지만, 매년 5백 명씩 청소년들이 줄어든다 하니 보통 문제가 아니다.

쓰시마 사람들은 고대로부터 한반도와 밀접한 관계를 맺고 목숨을 부지할 수밖에 없는 운명을 타고났다. 15세기 초, 쓰시마의 성인 남자 4~5백 명이 부산 초량 왜관에 몇 년씩 머물면서 쌀과 광목을 구해야 했고, 조선과 일본과의 교섭에 따른 실무를 도맡아 했다. 섬 여기저기에는 조선계 불상이나 불경과 조선풍의 산성 등 문화재와 사적이 남아 있어 한반도와 깊은 관계가 있음을 말해준다. 쓰시

쓰시마에서 본 부산 야경

마 가장 북쪽 산등성이에 한국 전망대로 부르는 팔각정이 있다. 날씨가 좋으면 부산이 희미하게 보인다. 이 전망대는 우리나라 전문가의 자문을 구해 한국산 재료로 만들었다. 전망대 주변에 피어 있는 무궁화가 쓰시마를 찾는 한국인들을 놀라게 한다.

한국과 조선통신사에 푹 빠진 쓰시마 출신 사진작가 니이 다카오는 나가사키현 공무원으로 40년간 근무하고 정년퇴직하였다. 퇴임 후에는 현직에 있을 때 익힌 사진기술을 살려 사진작가로 활발하게 활동하고 있다. 니이 작가의 사진 촬영 솜씨는 수준급으로 쓰시마의 자연과 조선통신사의 행사나 유적지가 그의 단골 테마이다. 사진집 『조산통신사의 길』을 자비 출판하는가 하면 통신사에 관한 사진전을 부산, 도쿄, 후쿠오카, 나가사키 등지에서 30여 차례나 개최하였다. 한 장의 사진을 건지기 위해 일본 전국을 누비고 한국에까지 기꺼이 다리품을 팔고 있다. 그 모든 비용을 자담한다니 제정신이 아니다. 80대 초반인 니이 다카오 작가는 50년간에 이르는 사진작가의 마무리로서 2019년 12월에 '쓰시마와 한국'이라는 테마로 사진전을 나가사키에 개최하였다.

부창부수라고나 할까. 그의 부인은 돈 타박은커녕 사진작가 조수 노릇을 톡톡히 할 뿐만 아니라 사진전 준비와 진행을 기꺼이 맡고 있으며 일본 전통 춤을 배워 가르치기도 하는 무용가이다. 나가사키현 국제교류원으로 부임한 한국의 젊은이들을 예외 없이 두서너 번씩 자택으로 초청하는가 하면 자가운전으로 규슈의 관광지를 안내하곤 한다. 물론 나가사키에서 생활했던 필자도 많은 신세를 졌다. 고라이바시(高麗橋)를 찍은 사진에는 일부러 부인을 기모노

차림으로 지나가는 행인인양 등장시켜 나를 웃음 짓게 한다.

에도 시대에 일본을 열두 번 왕래한 조선통신사 일행이 쓰시마에서 며칠간 머무른 뒤 이들의 안내를 받아 에도로 향했다. 이 작은 섬에서 4~5백 명에 달하는 조선통신사 일행이 머무는 동안 먹고 마실 것을 대느라 이곳 영주는 고생깨나 했다. 1980년대 중반부터 8월 첫째 주말에 쓰시마 최대의 행사인 '쓰시마 아리랑 축제'를 개최하여 조선통신사의 화려한 행렬을 재현해 왔다. 그러나 이 축제는 불상 절도 사건을 반영하여 수년 전부터 '미나토 마쓰리=항구 축제'로 명칭을 바꾸었다.

최근에는 쓰시마뿐만 아니라 조선통신사가 머문 다른 지역에서도 통신사 행렬을 재현하는 축제가 번갈아 열리고 있다. 250년간에 걸친 한일 간의 우호의 상징인 조선통신사 행렬이 서울-부산-쓰시마-도쿄로 이어지는 그날이 오기를 기대해 본다.

조선통신사, 세계기록유산 등재

2017년 10월, 조선통신사에 관한 한국과 일본의 역사자료 111건 333점이 유네스코의 '세계의 기록'에 등재되었다. 통신사는 1607년부터 1811년까지 약 2백 년 동안 12회에 걸쳐 조선의 국왕이 일본의 도쿠가와 막부에 파견하였다. 통신사는 정·부사, 종사관의 삼사 이하 제술관, 화원, 의원, 역관, 악사 등 총 4백 명에서 5백 명에 이르는 대규모의 사절단이었다. 당시 통신사를 한 번 접수하는 데는 10억 엔 이상의 엄청난 비용에다 약 8만 두의 마필과 33만 명의 인원이 동원된 그야말로 거국적인 행사였다. 통신사는 히라도 영국 무역관 초대 관장 리처드 콕스(Richard Cocks)의 1617년 9월의 일기에 "조선 사절은 장려한 모습으로 가는 곳마다 왕자와 같은 대우를 받았다."고 기록되어 있는 바와 같이 국빈 예우를 받았다.

한양을 출발하여 에도까지는 반년 이상이 소요되는 왕복 약 3천 km의 긴 여정이었다. 여로의 곳곳에서 통신사는 일본의 유학자, 화가, 의사 등과 필담을 나누고 술잔을 주고받았다. 통신사 일행은 일본의 민중들로부터 열광적인 환영을 받으며 한류 붐을 촉발시켰다. 통신사 일행은 '시를 짓느라 닭이 울 때까지 잠들지 못했다'고 할 정도였다.

이 같은 한류 붐에 민중들은 열광했다. 그러나 유학자들 중에는 양미간을 잔뜩 찌푸리고 못마땅하게 여기는 부류도 있었다. 대표적인 인물로 에도 후기의 유학자 나카이 지쿠산(中井竹山)을 들 수 있다. 나카이는 1789년 막부에 제출한 『초모위언(草茅危言)』이라는 국정개혁안에서 일본인들이 통신사의 문인들에게 시 한 수 얻으려고 야단법석을 떨고 있다며 다음과 같이 신랄하게 비판하였다.

"소갈머리 없는 무리들이 조선통신사 숙소로 앞다투어 몰려드는데도 이를 제지하는 관원이 없어 마치 시장 바닥 같다. 오래 기다렸다가 운 좋게 시 한 수 받으면 머리를 조아리고 무릎걸음으로 물러난다. 심지어 종이가 바람에 날리지 않도록 문진 대신에 발뒤꿈치로 누르며 쓴 것조차 감지덕지하는 꼴은 차마 눈뜨고 볼 수 없다."며, 통신사의 대우를 격하시키고 쓰시마에서 응대해야 한다고 주장했다.

나카이 지쿠산의 건의가 바로 반영된 것은 아니었으나 결과적으로는 양국의 국내 사정 때문에 조선통신사가 일본을 최후로 방문한 1811년에는 쓰시마에서 모든 행사가 거행되었다. 사신은 정사와 부사 두 명으로 하고 통신사의 규모도 대폭 축소되어 총인원은 328명이었다. 상황의 변화 때문이라고는 하지만 2백 년 전 제1회 때의 통신사 방일과 비교하면 너무나 쓸쓸한 폐막이었다.

조선통신사가 일본을 방문한 2백 년간은 이례적이라 할 만큼 한일 양국이 선린우호 관계를 유지했다. 동시에 문화 교류 차원에서도 커다란 성과를 거두었다. 특히 이국 문화를 접할 수 없었던 서민들에게는 통신사의 방일 퍼포먼스 참관은 그야말로 일생에 한 번의 기회였다. 통신사의 12차례의 일본 방문을 통해 외교기록, 필담집, 견문록, 일기, 회화 등에 걸친 중요한 문화적 기록과 유산이 상당 분량 축적되었다.

2002년 한일 월드컵 축구 공동개최를 계기로 조선통신사의 관련 자료의 유네스코 기록유산 등재에 대한 한일 간의 공감대가 형성되기 시작하였다. 통신사 교류 4백 주년을 맞은 2007년을 전후해서는 양국에서 세미나와 심포지엄도 많이 열렸다. 당초에는 양국 정부 기관에 의한 등재를 검토하였으나 개었다, 흐렸다를 반복하는 양국 간의 관계를 감안할 때 정부 기관에 의한 공동 신청은 간단치 않으라는 판단에 따라 민간단체 주도의 신청으로 방향을 전환하였다.

한국의 재단법인 부산문화재단과 쓰시마의 조선통신사연지연락

에도 사람들의 열광적인 환영을 받은 조선통신사의 화려한 행렬 모습

협의회(약칭 엔치런)가 함께 공동 등재를 추진하기로 합의하여 자료의 수집과 리스트 선정 작업에 들어갔다. 그 과정에 한일 공동 학술회의를 11회 개최하면서 1392년 조선 건국 이래 임진전쟁 직전까지 조선이 일본에 파견한 사절은 15회 정도에 이르며, 회례사, 보빙사, 통신사로 칭했던 사실 등을 정리했다.

학술회의 검토 결과 양측은 한일 간의 화해와 상생이라는 차원에서 임진전쟁 이후에 시작된 제1차 1607년 정미사행으로부터 제12차 1811년 신미사행까지를 그 범위로 삼고 등재 분야는 외교기록, 여정의 기록, 문화 관계 기록으로 하는 데 합의를 하였다.

부산문화재단과 엔치련은 많은 어려움을 극복하고 마침내 2016년 3월 30일 통신사 관련 자료를 공동으로 유네스코의 세계기록유산에 등재 신청하였다. 한국 측이 통신사 등록(謄錄), 통신사 일기 등 63건 123점, 일본 측이 조선통신사 두루마리그림(繪卷), 아메노모리 호슈의 저서 등 48건 209점으로 한일 양국 합계 111건 333점이 된다.

한일 양국의 공동 신청이라는 간단치 않은 난제에 도전하여 좋은 결실을 거둘 수 있었던 데는 양국 지자체의 협조와 강남주 전 부경대학 총장과 엔치련의 마쓰바라 가즈유키(松原一征) 이사장의 두터운 우정이 기여한 바가 적지 않았다. 강남주 총장은 1994년 후쿠오카대학의 객원연구원으로 후쿠오카에 체류하고 있을 때 쓰시마 출신으로 쓰시마-하카타 간의 해운업을 경영하고 있는 마쓰바라 사장과 조우하여 쓰시마와 통신사에 관심을 갖게 되었다고 한다.

협의 과정에서 쓰시마의 초대 도주 소 요시토시의 초상화 등재가 난제로 부각되었다. 요시토시 사후 4백 주년을 기념하여 2016년 3월 570만 엔을 들여 그의 동상을 제작하여 이즈하라 공원에 설치할 정도로 요시토시는 쓰시마에서 영명한 영주로 추앙받고 있는 인물이다. 일본 측에서는 '임진전쟁 이후 통신사 재개의 일등공신'이라고 주장하며 세계기록유산 등재 신청에 포함시킬 것을 강력히 주장하였다. 그러나 한국 측으로서는 임진전쟁 때 5천 명의 군졸을 인솔하여 제1군의 선봉장으로 조선 침략에 앞장선 요시토시를 포함시키는 데 결코 동의할 수 없었다. 파국을 가까스로 피하고 공동 신청에 이를 수 있었던 것은 강남주 총장과 마쓰바라 이사장의 대승적 차원의 협력과 노력이라 하겠다.

세계기록유산 등재는 좋은 기억을 후세에 남겨줄 것이다. 사실, 한일 양국 간의 교류는 천 년을 훌쩍 넘지만 양국 간의 시민 레벨에서 공감할 수 있는 좋은 추억은 별로 없다. 이번의 등재는 2002년 월드컵 공동 개최에 이어 또 하나의 좋은 추억이 될 것이다.

군함도의 두 얼굴

군함도(軍艦島)는 '군칸지마'로 읽으며, 하시마(端島)의 속칭이다. 군함도는 나가사키항에서 남서쪽으로 18킬로미터 떨어진 곳에 위치해 있다. 남북 약 480미터, 동서 약 160미터, 주위 약 1.2킬로미터, 면적 약 6.5헥타르의 반인공섬이다. 섬 둘레를 높이 10미터 남짓의 방파제가 둘러싸고 있다. 1810년 해저에 석탄 매장이 발견됨으로써 주목을 끌게 되었다.

1916년 이 섬에서 일본 최초의 4층의 철근 콘크리트 아파트 30호동이 건설되자, 섬의 겉모습이 군함 '도사(土佐)'처럼 보인다고 하여 군함도로 불리기 시작했다. 1945년 6월 11일 미군 잠수함이 정박 중인 석탄운반선을 격침했는데, 미군이 이 섬을 군함으로 착각하여 어뢰 공격을 했다는 소문도 있었다.

1860년대부터 나가사키의 업자들이 채굴에 착수했으나 태풍 등으로 폐업하고 말았다. 1890년에 미쓰비시가 섬 전체를 10만 엔(당시 총리의 10년간의 급료에 상당)에 매입하여 본격적으로 채굴을 시작하여 1974년 폐광될 때까지 양질의 석탄을 야하타제철소 등에 공급하여 글자 그대로 일본 근대화 기간산업의 일익을 담당하였다.

탄광 섬으로 호황을 누리던 이 섬에는 전혀 다른 두 개의 삶이 있었다. 섬 위의 현대식 아파트에는 일본인이, 허리 펴기도 힘들 만큼 낮고 어둡고 매캐한 지하 탄광에는 조선인이 고통스러운 노역에 시달리며 지옥 같은 시간을 견뎌내고 있었다. 1일 12시간 2교대제의 노동은 별을 보고 갱내로 들어가서 별을 보고 나오는 가혹한 노동 환경이었다.

이른바 '모집인'이 조선 총독부에 의해 할당된 면(마을)에 가서 모집 활동을 했다. 이들은 탄광을 그럴듯한 직장으로 꾸며 노동자들을 유인하였다. 순사의 협력을 받아 행해졌던 모집은 실질적으로는 강제 연행이었다. 계약기간은 2년으로 되어 있었지만 실제로는 계약기간 종료 이후에도 돌아가지 못하고 일방적으로 재계약을 강요당했다.

출국하기 전에, 신사에 참배를 강요받았다. 신전에서는 큰 소리로, 황국 〈신민의 서사〉를 제창해야 되었다.

"우리들, 황국 신민으로 충성으로써 천황과 국가에 보답하자.

우리들, 황국 신민은 친애 협력하고 단결을 굳건히 하자.

우리들 황국 신민은, 인고 단결력을 길러 황도를 선양하자."

중일전쟁을 일으킨 뒤 1939년부터는 조선인 광부들을 집단적으로 군함도로 연행하여 지하 1천 미터 이상, 섭씨 40도의 작업장으로 배치하였다. 태평양전쟁 중에 시작된 '산업보국전사운동'의 결과, 석탄 생산량은 정점에 달해 1941년에는 약 41만 1,100톤을 기록하였다.

'나가사키 재일 조선인의 인권을 지키는 모임'의 오카 마사하루

대표가 1986년에 1925년부터 1945년 사이 군함도에서 사망한 일본인 및 외국인(조선인 및 중국인)의 사망진단서, 화장 인증증을 발견하였다. 이 자료에 의하면 21년간의 사망자 총 수는 1,295명, 이 중 일본인 58명, 조선인 1,222명, 중국인 포로 15명으로 되어 있다. 사망진단서에 의한 사망 원인을 일본인과 조선인을 비교하여 보면, 조선인은 압사, 질식사, 폭발사고사, 변사 등이 압도적이다. 이는 조선인 노무자가 위험한 작업장에서 가혹한 노동을 강요당했다는 사실을 단적으로 보여주는 것이다. 또한 조선인 사망자가 1942년부터 1945년까지 3년간 급증한 것을 볼 때 전쟁 계속에 따른 석탄 증산 계획을 더욱 확대하고 위험 부담이 큰 채굴을 강행하였음을 짐작할 수 있다.

군함도 전경

1970년대 이후 에너지 산업이 석탄으로부터 석유로 전환되자 군함도 광산은 수백만 톤의 석탄을 그대로 남겨둔 채 1974년 1월 15일 폐광되었다. 전성기의 1950년대에는 5천 명 이상이 거주하였으나 폐광 당시에는 2천 명에 불과했다. 이들이 4월 20일 철수함에 따라 무인도와 다름없게 되었다.

나가사키시는 서양식 갱도를 처음으로 도입했던 군함도를 관광지로 개발하기 위해 1974년 폐광 이래의 출입금지를 해제하였다. 또한 2009년 4월부터 관광 크루즈를 개시하는 한편 유네스코 세계유산 등재를 추진하였다.

한국 정부는 이와 같은 움직임에 대해 군함도는 조선인에 대한 강제 노역의 시설물로서 인류의 보편적 가치를 지닌 유산을 보호하려는 세계유산의 기본정신에 반하는 것이라고 반대했다. 국제노동기구(ILO)는 1999년 조선인 징용을 강제 노동이라고 판단했고, 우리 대법원은 징용공에 대한 개인 배상청구권을 인정했다. 한편 중국 노동자와 그 가족들이 국가·현·미쓰비시를 상대로 손해배상을 청구하는 소송에서 나가사키 지방재판소는 2007년 3월 27일에 배상청구 자체는 청구권의 기한(20년)이 경과하였다고 기각하면서도 강제 연행과 강제 노동의 불법행위의 사실에 대해서는 인정하였다.

이와 같은 사정을 고려하여 유네스코는 다이쇼(大正) 이후의 제국시대를 배제하고 메이지 시대 즉 1868년부터 1910년에 이르기까지의 산업유산에 국한시켰다. 또한 유네스코 자문기구인 국제기념물 유적협의회(ICOMOS)는 조선인 강제 노역을 포함한 군함도 전체의 역사를 알 수 있도록 표지판 설치 등 적절한 조치를 취할 것을 권고했다.

일본 정부 대표는 2015년 7월 독일 본에서 열린 유네스코 세계유산위원회(WHC)에서 군함도 등 일부 산업시설에서 "1940년대 한국인 등이 자기 의사에 반해 동원되어 강제로 노역(forced to work)했던 일이 있었으며, 희생자를 기리기 위해 정보 센터 설치 등의 적절한 조치를 취하겠다."고 약속했다. 한국 정부는 일본 정부 대표의 이 같은 언명을 받아들여 세계유산 등재에 적극적으로 반대하지 않았다. 이에 따라 메이지 일본의 산업혁명유산-규슈·야마구치와 기타 관련 지역-의 하나로서 유네스코 세계기록유산으로 등록되었다.

2020년 6월 15일 도쿄 신주쿠에 있는 총무성 제2별관에 일본 메이지 산업혁명유산 관련 전시 시설인 산업유산정보센터가 일반에 공개되었다. 정보센터를 규슈 지역이 아닌 도쿄에 설립한 것은 역사적 사실을 은폐하려는 얄팍한 간계라고 지적하지 않을 수 없다.

전시관에는 '1940년대 많은 한국인들이 자기 의사에 반해 강제로 일했다'는 사토 구니(佐藤地) 유네스코 일본 대사의 발언을 소개하면서도 '한반도 출신의 징용공과 관련해 학대와 차별이 없었다'는 30여 명의 군함도 주민 인터뷰를 소개하고 있다.

교도통신은 산업유산정보센터의 전시 내용 등과 관련 조선인 노동자들이 비인도적 대우를 받았다는 그동안의 정설을 '자학사관'으로 보고 반론하려는 의도를 갖고 있다고 보도했다. 또한 한국과 일본의 64개의 시민단체(일본 49개, 한국 15개)는 2020년 7월 14일 성명을 발표하여 "강제 노역의 실태와 증언을 전시하라"고 촉구했다. 국가로서 대외적인 약속을 성실히 지킨다고 기회 있을 때마다 천명해 온 일본 정부는 세계문화유산 등재 당시 일본 대표가 언명했던 국제사회와의 약속을 지켜 전시내용을 수정하여야 할 것이다.

바다로 사라진 징용공들

2011년 7월, 처음으로 이키(壹岐)를 방문했다. 이키섬은 규슈 북부 후쿠오카의 하카타항에서 76km, 규슈 본토로의 접근이 쉬운 위치이며 남북 17km, 동서 15km 크기의 섬이다. 현해탄과 대한해협 사이에 떠 있는 둥글고 평탄한 섬. 이키는 중국에서 편찬된 역사서 『위지 왜인전』에 '이키국一支國'이라고 소개되어 있다.

나지막한 구릉지에 논밭이 널따랗게 펼쳐져 있다. 보리가 눈부신 햇살에 하늘거린다. 산악지대의 쓰시마와는 사뭇 다른 풍경이다. 토양은 비옥하고 수량도 풍부하여 농작물이 잘 자라 이키는 '보리 소주의 발상지'로 알려져 있다. 차량도 사람도 아주 천천히 흐르는 듯한 평화스러운 어촌이다.

여관에서 하룻밤을 보내고 이튿날 아침 이키섬의 서쪽에 있는 아시베(蘆辺)로 가는 버스를 탔다. 평일인데도 승객은 나를 포함하여 두 사람뿐이었다. 인상이 좋아 보이는 운전기사에게 '대한민국인 위령비'의 사진을 보이자 그는 가볍게 고개를 끄덕거린다. 20분쯤 달려 운전기사는 버스를 세우고 손가락으로 언덕바지를 가리킨다. 떠나는 버스를 향해 손을 흔들어 감사한 마음을 띄워 보내고 기분 좋은 바닷바람을 등 뒤로 맞으며 천천히 언덕으로 발걸음을 옮겼다.

내려쬐는 햇빛 아래 사진에서 본 위령비가 바다를 향해 서있다. 그런데 비의 받침대를 자세히 살펴보았더니 일본인의 위령비가 아닌가. 주위의 밭에는 사람의 그림자가 보이지 않는다. 할 수 없이 마을로 내려가다가 허름한 창고에서 일하는 70대 초반의 농부를 만났다. 그는 나의 이야기를 듣더니 하던 일을 멈추고 차로 나를 묘지 부근까지 데려다 주었다.

구요시하마(清石浜) 해변가에 뻗어 있는 완만한 언덕길을 올라가자 '대한민국인 위령비'가 나를 기다리고 있다. 높이 4미터 남짓 되는 위령비 양쪽에 조화가 가지런히 놓여 있고 비교적 깨끗하게 관리되어 있다. 1994년에 수학여행을 온 나라현의 중학생들이 심어놓은 이름을 알 수 없는 나무가 무심하게 잘 자라고 있다. 위령비 앞에서 고개를 숙여 묵념을 했다. '사람 살려', '아이고, 아이고'라고 외치는 소리가 바람결에 들려오는 듯하여 가슴이 먹먹해졌다.

1945년 10월 11일, 기쁨과 희망을 안고 해방된 조국으로 돌아가는 조선인 징용공 등 2백 명 정도가 탄 배가 태풍으로 인해 아시베만으로 긴급 피난하였다. 조선인들이 서둘러 상륙하려고 하자 해안을 경계하고 있던 게보단(警防團)의 단원들이 무자비하게 이를 저지하여 결국 배는 난파되고 160여 명의 징용공들이 무참히 수장되고 말았다. 생존자는 고작 30여 명이었다.

1967년 봄에 태풍으로 모래가 바람에 휘날리자 가매장되었던 시체의 유골 일부가 드러났다. 이를 보고 마음 아파한 이키 출신의 사업가 사카모토 가네토시(坂本金敏) 사장이 친구 두 명과 함께 사재를 털어 1967년 3월에 건립한 것이 '대한민국인 위령비'이다. 위령비 뒷면에는 조난 경위와 "숨진 넋을 위로하고 한일 양국의 우호 증진의 실현과 인류애에 넘치는 박애정신을 후세에 남기기를 기원하는 마음에서 위령비를 건립했다"는 취지가 새겨져 있다.

1976년 8월 히로시마의 한국인 징용공의 행방 조사단이 방문하여 86명의 유골을 수습하였다. 그러나 유골은 바로 한국에 반환되지 못하고 이키, 쓰시마 등 4곳에 나누어 보관되었다가 사후 60년이 지난 2005년에서야 한국에 안치되었지만 그들의 신원은 지금도 알 수 없는 상태이다.

일본의 패전 직후 혼란했던 상황에서 벌어진 상륙 거부에 의한

일본인들이 건립한 '대한민국인 위령비'

비극적 사건의 진상은 지금도 제대로 밝혀지고 있지 않은 상태이다. 후쿠오카에서 결성된 '이키 조선인 유골 문제를 생각하는 모임'이 비극의 재조사 활동을 하고 있다. 1990년 9월, 이곳 고등학교 학생들이 문화제에서 이 비극을 '진혼의 해협'으로 발표한 적도 있다.

이키섬은 한국과 나쁜 인연만 있는 것은 아니다. 조선시대 1603년부터 1764년까지 11차례 에도를 방문한 조선통신사 일행이 이곳에서 짧게는 5일간, 길 때는 20일간이나 체류하였다. 1711년 제8회 조선통신사 일행 470여 명과 쓰시마 안내원 5백여 명의 접대에 든 품목과 수량은 다음과 같다. 참마 1,500개, 계란 1만 5천 개, 전복 2천 관, 오징어 5천 근, 쌀 50석, 청주 2천 킬로그램 등이다. 1719년 조선통신사의 제술관으로 방일한 신유한은 『해유록』에서 "건물 외관과 내부는 꼼꼼하게 손질되어 있고 음식은 쓰시마의 3배 정도나 많다. 왜인들의 말이, 토지가 최상 중의 최상이오 백성들이 모두 농사에 힘써 배고픈 사람이 없다고 하였다. 비록 바다 가운데 있는 외로운 섬이나 지형이 가마솥을 엎어 놓은 것 같아서 반드시 반 이상 개간될 수 있는 곳이다."라고 기록하였다.

이키소주는 보리 3분의 2, 쌀 3분의 1의 비율로 양조한 정통 소주이다. 이 비율이 독특한 단맛과 깊은 맛을 내게 한다고 한다. 이키는 16세기 무렵부터 정통 소주가 만들어져 왔다는 보리소주의 발상지. 예부터 즐겨 마셔온 이키소주는 최근 그 향기로운 맛이 널리 알려져 전국적으로도 인기를 끌고 있다. 이키소주는 보르도 와인, 코냑 브랜디, 스카치 위스키처럼, WTO에서 지리적 표시 원산지 지정의 보호를 받으며 일본이 자랑하는 세계의 유명 상표가 되었다.

마지막까지 읽어 주신 독자 여러분에게 감사한 마음을 전한다. 근대의 여명기에 나가사키라는 무대에 등장한 일본인들의 왕성한 지적 호기심, 정통과 이단을 가리지 않은 유연한 사고방식, 그리고 철저한 프로정신이 일본으로 하여금 한국, 중국과는 다른 역사적 길을 걷게 했다는 역사의 단면을 평이하게 풀어 보려고 했다. 당초의 의도가 어느 정도 실현되었는지에 대한 평가는 독자 제현의 몫이라 하겠다.

저자 서현섭

1944년 전남 구례에서 태어나 건국대학교 정치외교학과와 일본 메이지대학원을 졸업(법학박사)하고, 네덜란드 암스테르담대학원을 수료, 규슈대학에서 명예박사 학위를 받았다. 2016년 방송통신대학교 중문학과를 졸업했다.
일본 대사관 및 러시아 대사관 참사관, 파푸아뉴기니 대사, 후쿠오카 총영사, 요코하마 총영사, 로마교황청 대사, 부경대학교 초빙교수, 나가사키현립대학 교수 등을 역임하였다.
저서에 『일본 극우의 탄생 메이지유신 이야기』, 『일본은 있다』, 『일본인과 천황』, 『근대조선의 외교와 국제법 수용』, 『日韓のあわせ鏡』, 『日韓光と影』 등이 있다.

특기: 걷기
취미: 책 사기
좌우명: 活到老, 學到老(살아 있는 동안은 배운다)

지성인들의 도시 아카이브 02
한중일의 갈림길, 나가사키

2020년 10월 22일 초판 1쇄 펴냄

지은이 서현섭
펴낸이 김흥국
펴낸곳 보고사

책임편집 황효은
표지디자인 손정자

등록 1990년 12월 13일 제6-0429호
주소 경기도 파주시 회동길 337-15 보고사
전화 031-955-9797(대표), 02-922-5120~1(편집), 02-922-2246(영업)
팩스 02-922-6990
메일 kanapub3@naver.com/bogosabooks@naver.com
http://www.bogosabooks.co.kr

ISBN 979-11-6587-091-1 04900
979-11-5516-940-7 세트

정가 15,000원